노송정 종택에 있는 사
랑채로 퇴계 선생이 할
아버지로부터 가르침
을 받은 곳으로 전해진
다. 퇴계 선생은 이 종
택에서 태어났다. 오른
쪽이 퇴계선생태실 현
판이다. .은 이 종택에
서 태어났다. 아래는 성
림문. '성인이 들어온
문' 모친 꿈에 공자가
집에 들어오는 것을 보
았다는 태몽에서 유래,

도산서원 전경

농운정사: 제자들이 공부하던 기숙사로 선생께서 제자들에게 공부에 열중하기를 권장하는 뜻에서 한자 '工'자 모양으로 지었다. (위와 아래)

도산서당: 퇴계 선생께서 4년에 걸쳐 지은 건물로 몸소 거처하면서 제자들을 가르치던 곳이다.(위) 거처하는 방은 완락재, 마루는 암서헌이라 불렀는데, 아래 사진은 암서헌의 내부 모습이다.

광명실光明室: 책을 보관하는 서고書庫로 동서 두 곳에 지었고 습해濕害를 방지하기 위해 누각식으로 지었다. 현판은 퇴계 선생의 친필이다.

전교당 입구 모습으로 현재 전교당은 공사중이다.

열정洌井: 도산서당의 식수로 사용하던 우물.

정우당: 퇴계선생이 꽃 중의 군자인 연꽃을 심고 정우당이라 이름지었다.

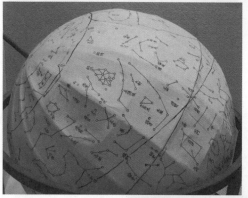

퇴계 선생의 친필, 풍루
(위)
하늘의 이치와 인간의
본성을 해석한 퇴계의
우주관이 담긴 천문관
측기기 혼천의 복원품
(가운데)
역락서재는 도산서당
에서 학문을 강론할 때
제자들이 힘을 모아 세
웠다. 현판 글씨는 퇴계
선생의 친필이다.(아래)

퇴계선생의 삶과 가르침

퇴계선생의 삶과 가르침

초판 인쇄   2019년 10월 14일
초판 발행   2019년 10월 20일

엮은이   이윤희
펴낸이   이연창

편 집   김 명
사 진   고경율

펴낸곳   도서출판 지영사
　　　　서울특별시 성북구 성북로 28길 40 낙원연립 라동 101호
　　　　전화 02-747-6333 팩스 02-747-6335
　　　　이메일 maitriclub@naver.com
　　　　등록 1992년 1월 28일 제1-1299호

값 14,000원
ISBN 978-89-7555-193-2 03150

퇴계선생의

삶과 가르침

자연과

더불어 생활하면서

자신을 돌아보는

마음공부가

진짜 공부이며

지혜로운 삶이다

이
윤
희

엮
음

지영사

●

퇴계 선생의 어린 시절 평소 생활은 날이 밝기 전에 일어나서 세수하고 머리 빗고 옷과 관을 바르게 하고 어머니를 찾아뵙는 것이었는데, 한 번도 어긋남이 없이 명랑하고 공손하고 삼갔다.

여럿이 생활할 적에는 종일 단정히 앉아 옷과 띠를 반듯이 하고 말과 행동은 꼭 삼갔다. 그래서 사람들이 모두 사랑하고 공경하였으며 감히 업신여기거나 모욕할 수 없었다. 성품은 간결 담박하고 말이 적었으며 명리와 호화로움에는 마음을 두지 않았다.

훌륭한 업적을 많이 남기고 높은 벼슬을 두루 거친 뒤, 70세에 이르러 병에 걸렸는데, 임금께서 의원을 보내 진찰하여 보라 하였으나 그 의원이 이르기 전에 세상을 떠났다.

돌아가신 소식을 듣고 임금이 너무나 슬퍼하여 사흘 동안이나 나랏일에 대한 회의를 중지하였고, 퇴계 선생에게 영의정 벼슬을 내렸으며 첫째가는 예를 베풀어 장례 지내게 하였다.

그러나 퇴계 선생은 병이 심할 때에 이미 그가 죽은 뒤에는 관직 높은 사람들이나 쓰는 비석을 세우지 말고 아무런 관직도 새기지 말며, 다만 작은 돌에 "늘그막에 도산으로 돌아와 숨은 진성 이공의 묘"라고만 쓰라고 유언을 남겼다. 뿐만 아니라 나라에서 장례를 치러주는 예를 내리더라도 사양하라는 훈계를 남겼다.

돌아가실 무렵에는 사람들이 선생을 평원에 우뚝 솟구친 산처럼 의지하였는데, 그 돌아가셨다는 소식을 듣게 되자, 아는 이 모르는 이 할 것 없이 탄식하고 슬퍼하였다. 서로 더불어 위패를 모시고 곡을 하였으며 가까운 읍 사람들은 비록 촌 노인이나 들사람일지라도 모두 고기를 먹지 않았다.

장례 때에는 먼 곳 가까운 곳에서 모인 사람이 수백이었다.

우리나라는 비록 문헌의 나라라 일컫기는 했어도 도道에 대한 학문이 밝지 못해서 사람들의 마음이 느슨하게 풀어져 낮게 처져 있었을 뿐이었고 고려부터 조선에 이르기까지 도에 대한 학문으로 세상에 알려진 사람은 몇 없었다.

퇴계 선생은 위로는 스승의 전하여 줌을 받지 못하였고 옆으로는 벗의 도움이 없었으나 뛰어나게도 성현의 글에서 홀로 얻었던 것이다. 중년 이후에는 날이 갈수록 그 배운 것을 가르침에 전념하면서 이 나라에 도道를 밝혀 세우는 일이 선생에게 달려 있는 듯, 그 책임이 날로 무거워졌다.

머리를 숙여 책을 읽고 우러러 생각하다가 잠자고 밥 먹는 것을 잊곤 하였으며 횅하니 깨닫고는 다시 푹 익도록 실천에 옮기었다.

그 학문의 큰 줄거리는 다른 사람이 넘을 수 없는 내용이 있었고 그 얼개와 통이 매우 커서 차라리 성인을 배우다가 이르지 못할지언정 한 두 가지 착함으로써 이름 얻기를 바라지 않았다. 나아가 닦음에 매우 용감하여 차라리 최선을 다하여도 얻지 못함이 있을지언정 한 번도 늙고 병들었다고 게으르지 않았다. 정연한 차례가 있고 빨리 이루고자 하거나 급히 서두르는 법이 없었으며 묵묵히 공부를 더해나가니, 어두운 가운데 해가 나타나는 듯한 아름다움이 있었다. 뭇 성인의 글을 모르는 것이 없되 숨은 뜻을 끝까지 밝혀 언어나 문자의 자질구레한 말뜻에 그치지 않았다. 간추린 핵심을 지극하게 말하고 공연히 깊거나 어두컴컴한 뜻은 말하지 않았다. 도가 이미 높아졌지만 바라보면 보이지 않은 듯하고 덕이 이미 높아졌으나 마음에 흡족하지 않은 듯하였다.

양심을 보존하고 본성을 기름이 날로 더욱 순수하고 탄탄해지며 실천에 옮김이 더 두터워지니, 그 보람이 나아가기를 그치지 않아서 마치 돌아가실 때까지가 통틀어 하루인양 향상되었다. 이와 같은 마음가짐으로 믿음이 두텁고 학문을 좋아해 무거운 책임을 지고 먼 곳에 이르게 되었던 것이다. 눈에 보이는 행동에 있어서는 스스로를 매우 엄하게 다스리어 음란한 음악이나 이상스럽게 눈에 띄는 겉치레 예절은 마음에 두지 않았고 포악하거나 오만하거나 간사하거나 치우친 기운은 신체에 남겨 두지 않았다. 하나하나 실천한 것은 도리와 규범이요, 항상 하신 말은 하늘 같은 도덕과 어질고 의로운 본성이었다.

하루하루 생활하는 모습은 반드시 옷과 관을 가지런히 하고 눈길을 우러러보았으며 때로는 책상 앞에서 책을 보고 때로는 향을 사르며 움직임을 여의고 고요히 앉아서 내면 세계를 살피는 공부를 하되, 종일토록 삼가고 삼갔고 한 번도 게으른 모습을 드러내지 않았다. 집안을 다스림에 뚜렷한 법도가 있으니, 자손을 은혜로 어루만지고 의로운 교훈으로 이끌며 집안 사람들을 너그러움으로 다스리면서 맡은 일에 충실하고 모든 일에 삼가라고 타일렀다. 가정의 안팎이 기쁘고 유쾌하되 엄숙하고 화목하여 별로 노력하는 바 없어도 뭇 일들이 저절로 그 순서를 얻었다. 살림은 소박하고 청렴하여 사는 곳은 겨우 비바람을 가렸고, 거친 밥을 먹고 나물을 씹으니 사람이 감당하지 못할 정도 였으나 선생은 그것이 몸에 푹 배어 차라리 편안해 보였다. 선조를 제사지냄에는 그 정성과 효를 지극히 하고 형을 섬김에는 사랑과 공경함을 지극히 하였으며 집안 사람에게 참으로 화목하게 하고 외롭거나 가난한 사람들을 두루 도와주고 건져 주었다. 남을 접대함에는 공손하고 예가 있었으며 자신을 다스림에는 검소하고 도를 다하여 기쁘거나 노함을 밖으로 나타내지 않고 남을 꾸짖거나 욕하지 않았다. 비록 바쁘고 급한 지경에 놓였어도 한 번도 말을 빨리 하거나 다급한 기색을 짓지 않았다. 일이 옳고 마땅한 것이냐, 그렇지 않고 이익이 있을 뿐이냐 하는 점을 가리어 냄에 엄하였다. 가져도 좋을 것과 갖지 말아야 할 분수를 살폈으며, 이치에 거리끼는 것을 걸러내고 일의 낌새를 미리 밝게 알아차리어 털끝 하나도 방종하거나 지나치지 않았다. 진실로 그것이 의로운 것이 아니면 수만 금을 주어도 받지 않고, 땅에 떨어져 있는 것이 겨자 한 알이라도 취하지 않았다. 선을 좋아하고 악을 미워함이 타고난 본성에서 나오니, 남의 착한 행동을 보면 두 번 세 번 칭찬하고 장려하여 반드시 그를 성취시키고자 하였다. 남의 잘못과 실수하였음을 들으면 거듭거듭 탄식하며 안타까워하여 반드시 그 허물을 고쳐 착하게 만들고자 하였다. 이런 까닭으로 어진 사람이나 어리석은 사람이나 모두 그 도움을 얻었기에 그를 우러러 본받고 두려워하지 않음이 없었고, 오직 착하지 못하다는 이름이 그의 귀에 들릴까 두려워하였다. 뒤따라 배우는 사람들을 가르침에 싫어하거나 게으르지 않아서 병에 걸려 있을 때에도 직접 말로 설명해 주거나 질문 받고 의논함을 그치지 않았다.

학문을 가르치려고 늘그막에 도산의 기슭에 집을 지으니 방 하나가 고요한데 그림과 글이 벽에 가득하였다. 날마다 그 가운데 살면서 조심조심 본성을 보존하며 진리를 캐고 찾았다. 벼슬로부터 도리에 맞게 물러나 숨어서 남모르는 것을 기름에 즐거워 걱정을 잊으니, 사람들은 감히 그 깊이를 엿볼 수도 없었다. 다만 그 꽉차게 쌓인 것이 넘쳐흘러 진리를 얻은 모습이 드러나게 되니, 절로 마음이 너그러우며 몸이 건강하고 얼굴이 윤택하며 등이 기운으로 충만함을 가릴 수 없게 되었음을 볼 뿐이었다. 가슴이 환하게 비치어 가을달이나 얼음 병 같았고 사람들에게 느껴지는 마음이 따뜻하고 순수하여 순금이나 아름다운 옥과 같은가 하면 장중하기가 산악과 같으며 조용하고 깊기가 못물과 같았다. 단정하고 자상하며 한가롭고 편안하며 독실하고 중후하며 참되고 순수하여 겉과 속이 하나 같고 나와 나 아닌 것에 틈이 없었다. 멀리 떨어져서 바라보면 근엄하여 존경스러운 본받음이 있었고 가까이 다가가면 따뜻하여 사랑스러운 덕이 넉넉하니, 비록 뻣뻣하고 고집 센 사나이나 미친 사람일지라도 선생이 있는 방문을 바라보는 것만으로도 교만한 기가 절로 스러졌다.

그 때까지의 문벌 있는 집안 사람들은 오직 과거 보는 이로움만 생각하면서 글을 읽었지 성현의 학문이 있음을 몰랐다. 오직 임금의 총애를 받고 녹을 얻는 영화만 알면서 관직에 있었지 기꺼이 물러나는 절개가 있음을 몰라서 올바른 도리에 어두웠다. 그저 어지럽게 얽혀서 부끄러움도 없고 의로움도 없었다. 선생이 일어남으로부터 비로소 사람되는 까닭이 딴 곳에 있지 않고 그 가르침에 있음을 글 읽는 사람들이 알게 되었던 것이다.

공자와 맹자로부터 내려오는 뭇 학문을 모두 모아서 크게 이룸으로써 위로는 끊어진 실마리를 잇고 아래로는 그 길을 가는 뒷날의 학자들에게 길을 열어 주었다. 공자·맹자·정자·주자의 도로 하여금 세상에 다시 빛나게 밝혔으니, 겨레의 위대한 스승이다. (위의 글은 학봉 김성일의 글이다)

　학봉 김성일의 글로 서문을 대신하는 뜻은 김성일이 퇴계선생을 일생동안 가까운 곳에서 따르며 가르침을 받았기 때문이다. 퇴계선생의 탄생 500주년을 맞아 선생의 생애와 가르침에서 현대인들이 지혜를 얻을 수 있도록 하는 뜻에서 이 책을 통해 선생이 가진 지혜의 일부라도 얻을 수 있기를 간절히 바란다.

이윤희

차
례
●

5 자연은 큰 스승이다

6 건강해야 지혜로운 삶을 산다

7 마음 공부에 힘써라

1부

———

퇴계선생의 생애

무오사화를 통하여 새로 등장하던 사림 세력을 억눌러버린 훈구 세력들의 아첨에 힘을 받아서 연산군의 비뚤어
진 정치가 날로 심해지고 있었다. 백성들이 술렁이자 1502년에는 경상 전라 지방의 백성들을 평안 함경 지방으로
이주시키기도 하였다. 중국에서는 서쪽 오이라트와 예센의 침략으로 시달리며 영종, 경태제, 영종으로 황제 자리가
엎치락뒤치락 하다가 헌종이 황제 자리에 올라 어두운 23년 간을 다스린 뒤에 효종이 황제가 되어 정치를 안정시
키고 상당한 번영을 누리던 시기였다. 1502년에는 명나라의 종합 법전인 『대명회전大明會典』을 편찬 완성하였다.
서양에서는 콜럼버스가 아메리카 대륙을 발견한 뒤에 에스파냐로 돌아갔다가 네 번째로 항해를 떠났으며, 이탈리
아에서는 르네상스가 무르익어 가는 가운데 마키아벨리가 『군주론』을 쓰고 있었다.

탄생

백두산으로부터 한반도의 등줄기를 이루며 백두대간이 흘러 내려오다가 한 줄기는 그대로 동해안을 따라 내려가고, 또 한 줄기는 소백산맥을 이루어 서남쪽으로 갈라지는 곳에 태백산이 문수봉을 거느리고 점잖게 자리잡고 있다. 이 산에서 남쪽으로 1백여 리 내려가면 아름다운 봉우리들이 늘어선 청량산을 만난다. 이 청량산 자락을 감돌며 계곡물이 강처럼 4, 50여 리를 흘러 도산 9곡을 이루는 사이에 경북 안동시 도산면 온혜동 마을이 나온다. 이 마을 야산 밑에 남쪽을 향해 노송정이 자리잡고 있다.

퇴계 선생은 이 집에서 음력으로(이 책에서 모든 일자는 음력으로 통일한다.) 11월 25일 추운 겨울에 탄생(1501년 신유辛酉 연산군 7년)하였다. 그때 이 마을은 경상도 예안현 온계리라 불렀다.

퇴계 선생의 아버지는 성이 이李 이름이 식埴인 39살의 선비였다. 어머니는 춘천 박씨며 밭일과 길쌈으로 남편을 돕고 집안 살림을 꾸리며 갓 태어난 아기의 형 다섯과 누나 하나를 돌보았다.

갓 태어난 아기의 아명은 서홍瑞鴻이고, 정식 이름은 황滉이라 불렀다. 어린 퇴계는 이마가 매우 넓어서 삼촌 이우李堣는 그를 "이마가 넓은 아이"라고 부르곤 하였다.

퇴계를 잉태하고 있던 어느 날, 꿈속에서 공자라고 느껴지는 노인이 집 대문으로 들어오는 것을 보았다. 그래서 이 집 대문에는 오늘날까지 "성인이 찾아오셨던 문"이라는 뜻으로 성림문聖臨門이라 쓴 현판이 걸려 있다.

어린 퇴계의 성은 진보眞寶 이씨인데, 그 시조는 고려 말기에 동해안 진보 마을에 살면서 생원시험에 급제했던 이석李碩이다. 이석의 아들인 자수子脩는 어린 퇴계에게 5대조가 된다. 고려 말 홍건적이 쳐들어온 것을 물리치고 수도였던 개성을 되찾을 때에 정세운을 도와 큰 공을 세웠다. 그 공로로 송안군이라는 높은 벼슬을 받았다. 뒤에 해안을 자주 침범해 오는 왜구들을 피해 안동으로 옮겨살았다. 어린 퇴계의 고조부는 운후云侯인데 자수의 둘째 아들이다. 증조부는 정禎인데 말타기와 활쏘기를 잘해 세종대왕이 평안도 지방을 평정할 때에 큰 공을 세웠다. 조부는 계양繼陽인데 예안현 부라촌으로 옮겨살다가 어느 날 스님의 도움을 받아 온계리에 집터를 잡고 다시 옮겨와 살게 되었다. 계양은 성품이 맑고 깨끗하며 번거롭지 않아서 출세할 일에는 힘쓰지 않고 농사와 낚시를 하며 자손들 교육에 힘 쏟았다.

아버지인 식의 장모 남씨는 남편이 일찍 죽었는데 집안에 예전부터 모아두었던 많은 책들을 보관하고 있었다. 사위가 공부를 좋아해 부지런히 힘쓰는 것을 보고, "책이란 선비의 집에 있어야 마땅한데, 우리 집

아이들은 이 많은 책들을 가질 능력이 없는 것 같다"고 하면서 전부 사위에게 주었다. 이 시대에는 책이 귀하였다. 식은 이에 힘입어 물고기가 물 만난 듯 공부를 많이 하게 되었다. 성품이 고상한 그는 세상 사람들이 하는 대로 따라 처신하지 않았다. 출세에 나갈 뜻 없이 지내며 글만 읽었을 뿐 과거 보는 격식에 얽매이지 않았기 때문에 여러 번 시험에 떨어졌다. 어린 퇴계가 태어나던 해에 비로소 진사시험에 합격하였다. 그는 "여러 자식들 가운데에서 내 뜻을 받들어지키고 내가 하던 일을 이어받는 아이가 나온다면, 나는 비록 이루어놓은 것이 없을지라도 한이 없을 것이다"라고 속마음을 표시하였다. 또한 "나는 밥 먹을 때, 잠들 때, 앉거나 서거나 글을 떠나지 않았다. 그런데 너희들은 이같이 한가롭게 세월만 보내고 있으니, 이래서야 어찌 뒷날에라도 이루어짐이 있겠느냐?"라고 자식들을 타이르기도 하였다.

2세
1502년 연산군 8년

여름에 선생의 아버지가 돌아가셨다. 그러자 아버지 친구들 발길도 끊어져 형제들이 찾아가 물을 곳이 드물게 되었다. 그때 맏형은 이미 장가를 갔으나 나머지 형들은 아직 어려서 홀로 된 어머니가 집안 살림을 꾸려나가면서 아이들을 키웠다. 어머니는 특히 자식들 공부 뒷바라지에 힘을 썼다. 멀고 가까움을 가리지 않고 훌륭한 분에게 배우게 하여 학문하는 일을 이루어 주는가 하면, 남보다 더욱 바른 길로 나가게 해 법도 있는 생활을 몸에 익힐 수 있도록 이끌고 밀어주려고 힘을 다하였다.

어린 퇴계가 뒷날 어른이 되어 어버이의 일을 기록한 글을 보면, 어머니
가 일찍부터 어린 퇴계의 성품이 세상살이에 잘 맞지 않을 것을 알고서
걱정되어 "작은 벼슬에 그쳐서 분수에 맞게 살아라"라고 깨우쳤다고
한다. 어린 퇴계는 뒷날 높은 벼슬자리를 내려받고 많은 제자들이 따
르는 대학자가 되어서도 이 깨우침을 잊지 않았다. "오히려 헛된 이름에
쫓겨 이리저리 자리를 옮겨다니게 되어 어버이가 남긴 가르침과 본받
을 만한 행실을 땅에 떨어뜨리고 저버림이 지나쳐서 불효자가 되었다"
고 말하였다.

　이때 작은아버지 이우는 한양에서 벼슬살이를 하다가 진주 목사로
갔었는데, 그들 형제를 친자식처럼 기르고 가르치고 타일러 주었다. 어

---

* 1504년 갑자甲子 연산군 10년. 갑자사화 발생

린 퇴계의 셋째 형 의瀣와 넷째 형 해瀣가 작은아버지를 따라다니며 공부를 배웠다.

6세
1506년 병인 중종 1년. 중종반정을 일으켜 연산군을 폐하고 중종 옹립

어린 퇴계가 동네 노인을 찾아가서 『천자문』을 배웠다. 아침에 세수하고 머리 빗고 몸을 단정히 한 뒤, 그 집 울타리 밖에서 전날 배운 것을 되풀이해 외운 뒤에 집 안으로 들어갔다. 선생님 앞에 무릎 꿇고 인사 드린 뒤에 엄숙한 분위기 속에서 가르침을 받았다.

8세
1508년 무진戊辰 중종 3년

둘째 형이 손을 베어 피를 흘리자 형을 끌어안고 운 일이 있다. 어머니가 "정작 형은 울지 않는데 네가 왜 우느냐?"고 물었더니, 어린 퇴계가 "형제는 같은 기를 받아 한 몸과 같아요. 형의 몸에서 피가 흐르는데 어찌 동생이 아프지 않겠습니까?"라고 대답하였다. 사람들이 어린 퇴계는 이미 사람이 타고난 도리를 몸으로 깨닫고 있다고 말하였다.

12세
1512년 임진壬辰 중종 7년. 왜倭와 임진조약 체결

높은 벼슬살이를 하던 작은아버지가 늙으신 그의 어버이, 바로 퇴계

의 할아버지·할머니를 모시기 위해 고향으로 돌아왔다. 그래서 넷째 형을 비롯해 사촌 동생 등과 함께 작은아버지에게 『논어』를 배웠다. 선생은 이때 참다운 학문의 길에 대해 가르침 받았고, 사람의 도리에 대해 많은 것을 깨달았으며, 깊은 철학적 사색을 시작하였다. 어느 경우에나 사람들로부터 높이 인정받았다.

점점 글읽기를 좋아하여 사람이 많은 방 안에서도 혼자 벽을 향해 돌아앉아서 글을 읽곤 하였다. 열네 살 때 이미 도연명의 시를 즐겨 외우고 그 사람됨을 존경하며 그리워하였다.

15세
1515년 을해乙亥 중종 10년
샘물 속의 가재를 보면서 다음과 같은 내용의 한문시를 지었다.

돌 지고 모래 파니 절로 집이 생기고,
뒷걸음쳐 앞으로 나가는 발도 많구나.
평생을 한 움큼 산골 샘 속에서
강과 호수 물 얼마인가 묻지 않노라.

이 시를 보면 마치 퇴계 선생의 늘그막 시절을 보는 듯하다. 이때에 이미 그가 일생을 살아갈 모습을 마음속에 세우기 시작하였음을 말해 준다.

17세

1517년 정축丁丑 중종 12년. 조광조가 대사헌이 됨. 2년 뒤에 기묘사화 발생

사람의 양심과 본성을 보존하고 기르며 스스로를 돌이켜 살펴서 인격을 완성해 나가는 도학道學이라는 학문을 알게 되었다. 그에 뜻을 두고 밤낮을 가리지 않고 옛책을 읽거나 호젓이 앉아 마음공부를 하였다. 그러나 이 방면의 선배나 스승이 없었고 스스로도 뚜렷한 요령을 알지 못한 채, 마음만 앞서 가다가 병이 생기기도 하였다. 그러던 중 아버지와 스승 역할을 함께 맡아주던 작은아버지가 돌아가시어 홀로 스스로의 길을 걷게 되었다.

18세

1518년 무인戊寅 중종 13년

선생이 하늘과 땅과 우주의 근본 이치나 마음의 본래 모습 등에 대한 철학적 사색이 상당히 깊어졌음을 드러내는 한문시를 읊는다.

물가엔 이슬 맺힌 풀 싱그럽고
깨끗이 청소한 작은 못물도 맑아서
구름 날고 새 지나며 근원을 엿보건만
때때로 제비 물결 찰까 두렵네.
ㅡ들 연못

숲속 오두막 만 권 책 홀로 사랑하며
한결 같은 마음, 십 년이 넘으니

요사이 어쩌면 근원에 부딪힌 듯
내 마음속에서 태허를 보네.
—마음속을 읊음

뒷 시에 나오는 태허란 말은 크게 비어 있다는 뜻으로 우주의 가장 근본 이치를 가리키는 말로 쓰인다.

19세

1519년 기묘己卯 중종 14년. 개혁정치를 폈던 조광조가 사약을 받고 죽었다.

선생은 봄에 과거시험의 첫 관문인 지방시험에 참가했는데, 그러기 위해서 관명뿐만 아니라 자字를 지었을 것으로 추측된다. 이 시대에는 관명은 그것을 존중하는 뜻에서 함부로 부르지 않고, 자字라는 또 하나의 이름을 지어 평상시에 부르던 풍습이 있었다. 언제부터 사용했는지 확실하지 않지만 젊은 퇴계 이황의 자는 경호景浩이다.

20세

1520년 경진庚辰 중종 15년

『주역』을 연구했는데, 너무 깊이 빠져서 밥 먹고 잠자는 것도 잊고 하다 건강을 해쳤다. 그 뒤 오랜 세월을 고생하게 된다.

선생이 의령 허씨 허묵재許默齋의 맏딸과 결혼했는데, 신부도 스물한 살로 나이가 같았다. 신부집이 온계 마을로부터 서북쪽으로 70여 리 떨어진 영주군 푸실 마을에 있었다. 그곳에서 예절에 따라 혼례식을 올리고 부인을 데려 왔다.

막내아들로 결혼했으므로 다른 집에 나가 살게 되었다. 이때 나누어 받은 논이 여섯 마지기였다.

선생 형제에게 공부 잘해서 훌륭한 사람이 되라고 언제나 타일러 주시던 할머니가 아흔셋에 돌아가셨다. 이 해에 맏아들 준寯이 태어났다.

퇴계는 한양으로 올라와 성균관에서 유학했다. 그러나 가지런하고 엄숙한 모습과 깊은 마음공부를 홀로 지니고 있음이 알지 못하는 사이에 드러나 남들과 잘 어울리지 못했다. 미워하고 시기하는 사람도 많고 헐뜯고 손가락질하는 사람도 많아져 두 달만에 고향으로 돌아왔다. 그러나 이 짧은 유학기간 동안에 『심경心經』이라는 책을 얻어 읽었던 것은 그에게 큰 수확이었다. 『심경』이야말로 마음공부에 대해, 옛 성현들의 말 속에서 핵심만을 잘 정리해 놓은 것이기 때문이다. 이 책을 보고서 비로소 그는 인격의 완성을 위해 양심과 본성을 보존하고 기르는 일이야말로 옛 성현들이 대대로 이어가며 전해준 가르침이며 가장 근본이 되는 학문이라는 점을 가슴 깊이 느꼈다. 더욱 마음을 다잡아 그 학문의 길을 걷기로 한다. 그가 일찍이 뜻은 세웠으나 뚜렷한 방법을 몰라서, 그 동안 밤길을 헤매듯 길을 찾고 있던 학문이 바로 이것이기 때문이다. 그 뒤로 평생 동안 그는 『심경』을 어느 경전 못지 않게 존중하고 믿었다.

『심경』을 읽을 때 퇴계는 글 속에 깊이 빠져 거듭거듭 읽었다. 어떤 때는 '이러한 구절대로 실천하려면 어떻게 행동하며 옛 사람들은 어떻게 했던가?' 생각하면서 실제 있던 일들을 찾아보고, 어떤 때는 구절의 뜻과 그에 담긴 철학적 이치를 살피기도 했다. 그렇게 오래 계속하자 자연히 마음이 열리면서 무엇이든지 환하게 깨달을 수 있게 되었다.

이 무렵 집안 살림이 어려워 과거시험을 보게 되었는데, 선생은 시험에 붙거나 떨어지는 것에 크게 마음 졸이지 않았다. 스물네 살 때에 계속 세 번이나 떨어지고도 마음 아파하지 않았다. 그러나 어느 날 이웃집 하인이 그를 업신여기는 말투로 부르는 소리를 듣고 한숨 지은 적이 있었다. 뒷날 퇴계 선생은 이때 자기가 사람들의 대우와 관심에 대해 민감했던 것은 잘못이었다고 말하면서 제자들은 그렇지 않도록 하라고 타일렀다.

26세
1526년 병술丙戌 중종 21년

청량산에 들어가 책을 읽었다. 이 무렵 셋째형과 넷째 형이 서울로 올라가서 넷째형은 과거에 합격하였다. 그래서 형들이 어머니를 모시지 못하게 되자 어머니가 살고 계시는 형집으로 이사했다. 이 집에는 아버지 때부터 모아놓은 책이 많았기 때문에 퇴계는 물고기가 물 얻은 것같이 기뻐서, "푸른 산 옆구리에 덩그런 집이 맑고 깨끗한데, 만 권 도서가 가득하구나. …산 살림에는 할 일이 없다 하지 마오. 내 평생 하고픈 일 얼마인지 누구보다 헤아리기 어렵네…"라고 시를 읊는다. 이때 이미 학문을 평생 사업으로 삼으려는 뜻이 굳건하게 섰던 것이다.

27세
1527년 정해丁亥 중종 22년

지방 과거시험에 합격하고 둘째 아들 채菜가 태어났지만, 부인 허씨가 출산으로 너무 쇠약해진 때문인지 채를 낳은 다음 달 스물일곱 나이로 세상을 떠났다. 이때 퇴계의 슬픔은 말할 수 없이 컸겠지만, 그 심정을 표현한 기록은 남아 있지 않다.

28세
1528년 무자戊子 중종 23년

서울로 올라가 진사시험을 보고 합격을 알리는 방榜이 붙는 것을 기다리지도 않고 곧바로 고향으로 향했다. 한강에 도착하기 전 시험에 붙었다는 소식을 들었으나 별로 기뻐하는 빛이 없이 남쪽으로 내려가고 말았다. 30여 년 뒤 어느 제자가 이때의 일에 대해 "선생께서는 그때 이미 청운의 뜻을 버리고 계셨습니까?"라고 물었더니, 퇴계 선생은 아무런 대답도 하지 않았다는 기록이 있다.

30세
1530년 경인庚寅 중종 25년

둘째 부인으로 같은 예안지방에 사는 권씨 부인을 맞이한다. 권씨 부인의 아버지는 본래 서울에서 상당히 높은 벼슬자리에 있었으나, 사화 때에 헐뜯음을 당해 10년째 예안지방(청량산쪽) 어느 산골에서 유배생활 중이었다. 인품이 훌륭하고 학문에 뜻이 높은 젊은이가 부인을 잃은 채 살고 있다는 사실을 알고 사위로 맞기로 마음 먹었던 것이다.

31세
1531년 신묘辛卯 중종 26년

셋째 아들 적寂이 태어난다.

33세
1533년 계사癸巳 중종 28년

넷째 형을 따라 서울로 올라가 성균관에서 유학생활하며 김인후金麟厚와 만났다. 그러나 이 시절 성균관 태학에서 공부하는 선비들 풍습이 이미 타락하여 실망이 컸다. 그런 선생은 오래지 않아 고향으로 돌아가기로 마음먹고, 김인후와 작별 시를 나누고 울적한 속마음을 푸는 시 몇 편도 지었다. 이때 지은 시에 의하면, 나라에서 운영하는 태학관은 잘 먹고 노는 곳으로 변해 있었고, 선비들이 과거 본다는 핑계로 병역이나 빠지면서 공부하는 척하는 곳이었다. 오히려 공부하는 사람이 비웃음을 당하는 곳이 되었던 것이다. 초가을에 마침내 한양을 등뒤로 하고 고향으로 길을 떠나게 되었는데, 마침 밀양 부사로 부임하는 권벌權橃* 공을 만나 남쪽으로 같이 내려갔다.

* 김인후: 1510~1560. 조선 중기의 유학자, 정치가로 전라도 장성 출신이다. 자는 후지厚之, 호는 하서河西, 시호는 문정文正이며 『하서문집』 등이 있다.
* 권벌: 1478~1548. 조선 중기의 학자, 정치가. 경상북도 봉화 출신으로 자는 중허仲虛, 호는 충재沖齋, 시호는 충정忠定이다. 『충재선생문집』이 있다.

벼슬살이에 나서다

34세
1534년 갑오甲午 중종 29년

정식 과거를 보아 문과에 급제하였다. 이웃 동네에 살았던 당시의 대학자 이현보李賢輔* 선생이 이 소식을 듣고, "요즈음 시절에 기대되는 사람으로 이 사람을 뛰어넘을 이가 없으니 나라의 다행한 복이요 우리 고을의 경사이다"라고 하였다. 어머니는 "너의 학문 익힘이 이미 이루어져 있으므로 과거에 합격하는 것은 걱정하지 않았다. 그러나 너의 성품이 남들과 다르므로 벼슬은 현감 한 자리 정도에 그치는 것이 좋을 것이다. 너의 뜻이 너무 높고 깨끗해 세상에 잘 맞지 않으므로, 고을 하나만 맡아 다스리고 높은 벼슬은 하지 않는 것이 좋을 것이다. 세상 사람들

---

* 이현보: 1467-1555. 조선 중기 정치가, 문학가. 경상북도 예안 출신으로 자는 비중棐仲, 호는 농암聾巖, 시호는 효절孝節이다. 『농암문집』이 있다.

이 겁을 내어 너를 받아들이지 못할 것이다"라고 말하였다. 기록에 의하면 퇴계는 늘그막까지 어머니의 이 말을 잊지 않고 따르고자 했던 것으로 판단된다.

아나나 다를까, 과거에 급제하고 처음으로 직책을 정할 때에, 외교문서를 맡는 승문원과 실록 편찬의 기초자료인 사초史草를 맡는 예문관 및 춘추관의 벼슬자리를 추천받았다. 그러나 세력 있는 대신의 방해를 받아 그렇게 중요하지 않은 승문원의 말석 자리인 종9품 부정자副正字에 임명되었다. 이때 퇴계가 중요한 자리를 맡지 못하게 방해한 사람은 김안로金安老로, 그는 퇴계 처가가 있는 영주 사람이었다. 김안로는 같은 고향 사람인 퇴계라는 젊은이가 과거에 갓 합격해 중요한 벼슬자리를 맡게 되었으므로, 마땅히 자기를 찾아와 인사하고 환심 사려할 것이라 생각했으나 퇴계가 그러지 않아 못마땅하게 생각했다.

35세
1535년 을미乙未 중종 30년

부산 동래까지 왜국의 노비들을 호송하여 출장 가다, 여주에서 그 고을을 다스리던 이순李純이라는 목사를 만났다. 이순 목사는 20여 년 전부터 중국 송나라 때 채침蔡沈*이 쓴 『홍범황극내편』을 연구하며 『주역참동계』도 읽고 있었다. 퇴계는 이순 목사에게 두 책 내용을 설명듣게 된다. 『홍범황극내편』은 『주역』이라는 책에 설명된 64괘와 하도·낙서라

---

* 채침: 1167~1230. 중국 남송시대 성리학자로 부친인 채원정과 함께 주희의 제자이다.

는 그림에 드러난 수의 이치에 의해 하늘의 일도, 땅의 일도 그리고 세상의 일도 풀이될 수 있다는 입장에서 세상 일의 원리를 설명한 책이다. 『주역참동계』 역시 『주역』의 64괘와 음양 오행과 간지干支의 이치를 빌려 사람의 정신력과 생명력이 융합되어 이루어진다는 내단内丹을 수련하는 방법을 설명한 책이다.

동래 가는 길에 고향에 들러 어머니를 잠시 뵙고 갔다. 이때 첫째 부인 허씨의 친정 아버지인 퇴계의 첫 번째 장인 허묵제 공이 세상을 떠났다. 다음 해 초가을에 휴가를 얻어 고향에 왔다가 장인의 빈소가 있는 의령 영전에 가서 곡하고 왔다. 이때 이 지방 부윤이었던 이현보를 모시고 강가에 있는 애일당 정자 뒤 언덕에 올라 시를 지었다. 때때로 안동 지방의 여러 정자와 누각을 찾아 시를 읊으면서 휴가를 지냈다.

휴가가 끝나고 늦가을에 호조좌랑 벼슬에 올랐다. 석 달쯤 되었을 무렵 고향 친구로부터 배와 밤이 담긴 정성어린 물건과 함께 열 장이 넘는 긴 편지가 왔다. 이 편지를 받고 퇴계는 고향과 어머니 생각에 긴 한문시 한 수를 읊었는데, 간추리면 다음과 같다.

……
아— 어버이께 이별을 고하고
서리바람 찬 국화의 계절에
서쪽으로 올라와서 한 일이 무엇인가?
가슴만 답답한 채 말없이 벼슬에 얽매여
공무에만 바쁘다가 병든 몸을 걱정할 틈 없었네.
광음은 문득문득 아니 머물러

쫓기듯 섣달 그믐에 이르니

나그네 베개에는 시름도 많을세라.

꿈결에 혼이 문득 날아올라

내 몸을 만져보니 참으로 스스로 부끄럽고

나라에 보답하는 일도 그 또한 제대로 못 되었네.

어찌하여 일찌감치 어리석음 인정하고

초가집 돌아가서 편안히 있지 아니하는가?

힘들여 밭 갈아서 세금 넉넉히 바치고는

맛있는 것으로 어머니 받들면 얼마나 기뻐하실까!

이것이 참으로 내 분수에 맞으련만

오래도록 스스로 결단을 못 내려

명리 우거진 숲에 억지로 낯을 들고

억누르고 감추어 숨기는 가운데

하릴없이 정신을 잃었구나.

오히려 술 마시고 흐트러질 줄이나 알지

학문의 참다운 가르침은 얻을 길이 없는 채

헤어진 옷조차 잡히고 꾸어온

항아리 속 좁쌀도 다 떨어져 간다네.

벼슬살이 좋다지만 싫증만 나고

고향 갈 마음은 그칠 수가 없구나.

……

1537년 정유丁酉 중종 32년

　10월에 어머니 춘천 박씨가 예순여덟 나이로 세상을 떠나셨다. 그가 과거를 본 것도 홀어머니를 잘 모시고 싶었을 뿐만 아니라, 이 해부터는 어머니를 친히 모시고 봉양하려는 마음에 지방으로 나가기를 원했던 터라 퇴계의 마음은 더욱 아팠다. 급히 고향으로 내려와 지극한 효성으로 상례를 치른 나머지 몸은 회초리같이 마르고 병 또한 얻게 되었다. 12월에 어머니를 온계마을 뒷산에 모시고 만 2년 동안 묘 옆에 움막을 짓고 정성을 다해 상례를 치렀다.

1539년 기해己亥 중종 34년

　12월에 상례를 마치자 나라에서 다시 정6품에 해당하는 홍문관의 수찬과 경연의 검토관 벼슬을 내리고 불렀으나 올라가지 않았다. 마흔 살이 되면서 주로 임금에게 바른 말을 올리고 임금의 학문적인 의문점에 대해 바른 의견을 밝혀주는 역학을 하는 홍문관, 사관원, 사헌부, 승문원, 경연의 벼슬길로 차츰차츰 승진하였다.

1541년 신축辛丑 중종 36년

　이 해에 가뭄과 전염병이 심하였다. 선생은 임금에게 학문적인 책을 읽어주고 그 내용을 설명하는 자리인 경연에서, 임금이 더욱 수양하고 반성하며 정치에 정성을 쏟으면 하늘이 감동해 어려움이 극복될 수 있을 것이라고 말하였다. 그리고 어떠한 행사이든 나라에서 행사를 할 때에는 백성들의 마음을 살펴서, 그에 못 미치지도 지나치지도 않아서 백성들이 화합하는 마음으로 즐겁게 그 일을 할 수 있도록 해야 한다고 하였다. 그래야 정치가 잘되고 재앙이나 사고의 뒷수습이 잘되며, 나아가서는 천재지변이나 갑작스런 사고들이 예방될 수도 있다고 말하였다.

이때 퇴계는 고향에 있는 영지산靈芝山 사람이라는 뜻으로 호를 지산芝山이라 불렀다.

이 해에 잠시 휴가를 얻어 독서당에서 책을 읽을 수 있었다. 독서당은 나라에서 인재를 기르기 위해 학문이 뛰어난 사람들을 엄격하게 가려 뽑아서 학문 연구에 깊이 들어갈 수 있도록 특별히 시간과 장소를 마련해 주는 곳이다. 그럼에도 불구하고 이곳에 뽑혀온 벼슬아치들 대부분이 술 마시고 시 읊으며, 풍류만을 주로 하면서 규정을 어기고 있었다. 젊은 퇴계만은 홀로 단정한 모습으로 그곳에 살면서 정말 고마운 마음으로 책을 읽으며 깊이 있게 공부하였다.

이 때에 읊은 한문시 가운데 다음과 같은 것도 있다.

덥거나 춥거나 술잔을 찾으며
옆 사람들이 나보고
어리석다 비웃는구나.
나를 손가락질하며
담장 구석에 붙어 서 있는 저 두 그루
꽃 핀 배나무라 하네.

여름에는 한 달 정도 평안도 의주로 출장을 다녀오기도 하였다. 이때 퇴계는 학다리(지금의 서울 서소문)에 살았는데 선생의 청렴하고 관후한 인품을 보여주는 일화가 전해진다. 밤알이 여무는 가을이 되자, 담을 넘어 와 있던 이웃집 밤나무 가지에서 알밤들이 퇴계 집 마당으로 떨어졌다. 그는 알밤들을 담 너머 주인집으로 되던져 주곤 하였다.

겨울이 되자, 세자를 옆에서 모시며 학문을 가르치는 직책인 정5품 문학이라는 벼슬까지 겸하게 되었다. 연말에 병으로 임금에게 벼슬자리 사양하기를 희망하였으나 허락되지 않고 오늘날 대학에 해당하는 성균관으로 옮기게 되었다.

42세
1542년 임인壬寅 중종 37년

충청도 지방 어사로 임명되어 늦은 봄부터 초여름까지 충주, 진천, 천안, 태안, 전의, 공주 등 각 고을을 돌아보았다. 굶주리는 백성들을 구제하고 간사한 관리들을 가려낸 뒤에 돌아왔다. 그런데 탐관오리들이 관청 물건을 제 물건같이 가져가며 굶주린 백성은 구하지 않고 있었다. 먼저 탐관오리들에게 책임을 물어 죄를 벌하고, 굶주린 백성을 잘 어루만져야 한다고 임금께 보고했다. 특히 인귀손印貴孫이라는 공주 판관은 거칠고 탐욕스러움이 심해 이름을 바로 적어 보고하니, 임금이 그 죄를 다스렸다. 그리고 흉년이 들어도 3년을 견딜 수 있는 곡식을 비축해야 한다는 내용의 흉년대책을 말하였다.

가을에는 임금의 비밀명령을 받고 강원도 지방 암행어사로 원주, 영월, 평창, 횡성, 홍천, 춘천, 양구, 강릉 등지를 살펴보고 돌아와 『관동일록關東日錄』이라는 기행일기를 썼다. 이때 금강산에 가까이 가서도 산을 직접 구경하지 못하는 아쉬움을 시로 읊었다.

43세
1543년 계묘癸卯 중종 38년

이 해 정월에 경상도 거창에서 사락정四樂亭이라는 정자를 지어 살고 있는 장인의 회갑잔치를 베풀었다.

퇴계의 장인 권질權礩 공은 사화로 10여 년을 예안지방 산골에서 유배생활을 하다가 풀려난 뒤, 이곳 거창에 내려와서 남은 여생을 보내고 있었다. 퇴계는 장인을 위해 자기 고향인 온혜나 청량산 가까운 곳에 살 집을 마련해 드리려는 계획을 세우고 있었다. 그러나 이제 보니 산 좋고 물 맑은 곳에서 새와 물고기를 벗하고 지내시는지라 자신의 계획은 필요없게 되었음을 한문시로 읊었다.

기구한 운명 다 겪으시고도
기개 아니 꺾이시며
전부터 몸에 단단히 익히신 바는
산골에 사시는 일이니
세상의 모든 일 다 잊으시고
사락정 가운데 흠뻑 취해 지내옵소서.

이때 퇴계의 호였던 지산이란 말은, 고향에 있는 영지산에서 그가 젊은 시절 글을 읽었을 뿐만 아니라 그때 살았던 작은 집 지산와사가 아직 남아 있어서 언제나 그곳으로 돌아가려는 뜻을 품고 있었기 때문에 사용했던 것이다. 그런데 외가쪽 아저씨이자 선배인 이현보 선생이 벼슬살이를 그만두고 고향에 돌아가 이 집에 거처하면서 산천을 즐기고 있었다. 더구나 정월 어느 날, 그 분이 퇴계에게 시를 지어 농섞인 편지와 함께 보내왔다. 그 내용은 "…자네 옛날에 이곳에 살면서 스스로 영지산인이라 불렀으나, 이제 내가 먼저 돌아와서 차지하였으니 손님이 주인을 몰아낸 꼴이네. 될 수 있으면 빨리 소송하여 찾아가는 것이 마땅할 것이네…"라는 것이었다. 퇴계는 존경하던 어른으로부터 이렇듯 허물없이 친근한 편지와 시를 받고 절로 미소를 머금으면서 기꺼이 영지산인, 곧 지산이란 호를 이현보 선생에게 넘겨드렸다.

가을에는 역시 옛 홍문관 시절 상관으로 모셨던 이언적李彦迪* 선생이 경상 감사로 남쪽으로 내려가게 되자, 한양 남쪽 교외에 술자리를 마련해 송별하였다. 또한 성균관 유학시절부터 서로 뜻이 맞아 사귀던 김인후가 어버이를 받들기 위해 고향 가까운 고을의 수령 자리를 임명받아 내려가게 되자, 그의 인품과 뜻을 기리는 긴 시를 읊어 그를 떠나보내면서 말한다. "…생각나거든 아끼지 마오. 안부 편지 띄우는 일을…."

이 일에 자극을 받았음인지, 선생은 겨울에 휴가를 얻어 고향 어버이

---

* 이언적: 1491~1553. 조선 중기 도학자. 자는 복고復古, 호는 회재晦齋, 시호는 문원文元이다. 『구인록』 등이 있다.

무덤에 가서 성묘를 했다. 그리고 고향에 그냥 눌러 살 뜻을 굳힌다. 그래서 예빈시 부정, 사헌부 장령 등의 자리를 임명받고도 한양으로 올라가지 않았다. 이때 퇴계의 심정은 그가 조식書植* 공에게 보낸 편지에 잘 나타나 있다.

나는 어릴 때부터 한갓 옛것을 그리는 마음뿐이었는데, 집이 가난하고 어머니께서 늙으셨기 때문에 친구들은 과거를 보아 녹을 받도록 하라고 굳이 떠밀고 나 또한 알찬 식견도 없었던 나머지 문득 마음이 움직여 합격자 명단에 들고 말았습니다. 티끌 속에 파묻혀 하루도 겨를이 없게 되니 다른 일이야 말할 것도 없었습니다. 그 뒤로 병은 날로 깊어지고 또 스스로 헤아려 보아도 세상을 위해 공헌할 것이 없는지라 비로소 발길을 멈추고 눈길을 돌려 점점 옛 성현의 책을 가져다 읽게 되니 그제야 크게 깨달음이 있었습니다. 앞으로 나아갈 방향을 바꾸어 처음에 실패했던 일을 다시 회복하는 모습을 거두고자 사직해 벼슬자리를 피하고는 책보따리를 안고 지고 옛 산골로 들어와 아직 이르지 못한 것을 더욱 찾고자 하게 되었습니다. 혹시라도 하늘의 신령함에 힘입어 만에 하나 조금씩 한 치 한 치 쌓임이 있게 된다면 이 일생을 헛보내지는 않겠지요. 이것이 나의 10년 전부터 가졌던 뜻이요 소원이었습니다.

* 조식: 1501~1572. 조선 중기 도학자. 경상남도 삼가현 토골 출신으로 자는 건중健仲, 호는 남명南冥, 시호는 문정文貞이다. 『남명집』 등이 있다.

홍문관 교리와 승문원 교리를 함께 맡으라는 임금의 부름을 받고, 어쩔 수 없이 영주를 지나 문경 새재를 넘고 충주를 거쳐 다시 한양으로 올라갔다. 한양에서 임금을 뵙고 지난 날 책을 읽던 성 밖의 독서당에 나가 있었다. 여름에 접어들면서 정4품 벼슬로 승진하였으나 병을 이유로 주로 한가한 직책을 맡았다. 가을에는 다시 독서당에 나가며 주로 학문적 연구를 하는 관청인 홍문관, 경연, 춘추관, 승문원의 벼슬자리를 맡다가 휴가를 얻어 고향에 다녀오기도 하였다.

겨울이 깊어지는 11월 보름날 중종 임금이 승하하자, 그는 중종의 생애와 업적을 글로 기록하는 행장을 짓는 일에 참여하고, 명나라에 국상을 알리는 문서를 썼다. 명나라에 보내는 글 내용이 아주 뛰어나고 글씨도 참 잘 썼다고 명나라 예부 사람들이 감탄하였다는 말이 전해져 조정으로부터 말 한 필을 상으로 받았다.

벼슬살이에서
떠나고 싶어하다

45세
1545년 을사乙巳 인종 1년. 을사사화 발생

이 해 봄에 선생은 중종의 장례로 바쁘게 지냈다. 이어 임금에 오른 인종을 모셨으나, 이때부터는 임명되는 벼슬을 여러 번 사양하게 된다. 여름에는 종3품인 홍문관 응교자리에 올랐으나, 곧 인종 또한 승하하고 명종이 임금에 오른다.

이 무렵 조선과 일본(이 시대에는 '왜'라고 불렸다)은 과거에 왜구들이 조선에 쳐들어와서 난동을 부린 일로 서로 적대 관계에 있어, 일본 사람들이 들어오는 것을 금하고 있었다. 그럼에도 일본 사람들은 여러 번 지난 허물을 용서하고 친하게 지내자고 간청하였으나, 조선 조정은 이를 무시하고 거절하였다. 퇴계는 이러한 조정의 방침에도 불구하고 이들을 어루만져 받아들이는 것이 뒷걱정을 줄이는 방책이라고 홀로 임금에게 상소를 올렸다.

지난 번에 섬 오랑캐가 일으킨 변란은 조그만 도적들에 지나지 않았고 그들을 죽여 없앴으며 왜관에 있는 자들까지 모두 쫓아냈으므로 나라의 위신은 이미 떨쳤습니다. 저들이… 마음을 새롭게 하여 잘못을 고치고 머리 숙여 애걸하는데, 거짓일 것 같지는 않습니다. 참으로 그렇다면 받아들여야 합니다. 지금 나라에 큰 화가 겹치고 운수가 막히는 현상들이 일어나고 있어 형편이 좋지 않고, 북쪽 오랑캐와는 분명히 사이가 좋지 않으니 만일 남쪽 오랑캐를 어루만지지 못하여 남쪽과 북쪽 두 오랑캐가 동시에 일어난다면 무엇으로 이를 견디어 내겠습니까? 조정에서는 왜국과 교류를 끊어야 한다는 말을 임금님께 올리고 있다 하니 참으로 가슴 아픈 탄식이 나오지 않을 수 없습니다. 이 일은 백 년을 이어온 나라의 흥망에 관계된 근심거리이고 억만 백성들의 생명이 걸린 일이라 생각됩니다.

……

이 상소를 통해 퇴계가 책만 읽는 선비에 그치지 않고 시국을 정확하고 멀리 보는 안목과, 깊이 있고 현실감 넘치는 외교적 능력도 갖추었음을 알 수 있다.

겨울로 접어들면서 을사사화가 일어나서 많은 선비를 죽이고 귀양 보내는 일이 끊이지 않았다. 사화를 주도하던 우의정 이기(李芑)가 자기와 뜻이 맞지 않는 사람들을 모두 몰아내 뒷걱정을 없애겠다는 생각으로, 사화의 직접 대상이 아닌 퇴계 등 몇몇 선비들도 임금에게 모두 파면시키게 하였다. 그러나 열흘도 못되어 "퇴계 같은 사람까지 파면시키면 이번 사화가 죄 없는 사람을 벌주는 계략이라는 것이 드러난다"는 충고의 말이 있자, 이기는 다시 임금에게 "이황을 파면토록 한 것은 잘못 아뢰었던 일이었습니다"라고 사과하고 다시 벼슬자리에 임명하도록 하였다.

가슴 아팠던 그해 12월 거창에서 여생을 보내던 선생의 장인마저 세상을 떠났다.

46세

1546년 병오丙午 명종 원년元年. 화담 서경덕이 56세에 세상을 떠났다.

정월에 아들이 없는 장인의 장례가 있었음에도 내려가 장례 절차를 밟아주지 못하고, 3월에야 휴가를 얻어 내려가서 못다 끝마친 장례 절차들을 갖출 수 있었다.

이 무렵 처가살이 하는 아들 준에게 살기 어렵다는 편지를 받았다. 퇴계는 "아비가 가난해 아들이 가난한 것이 무엇이 이상하냐?" 하면서 잘 참고 견디며 때를 기다리라고 대답하였다.

휴가 중 고향 온계에서 동쪽으로 10여 리 떨어진 강가에 있는 월란암에서 자면서 책을 읽었다. 4월에 일로 한양길에 올랐으나 병환으로 영주에서 되돌아오니, 5월에 벼슬자리에서 해직되었다. 이 무렵 퇴계의 심정은 다음 한문시에 잘 나타나 있다.

어린 날에
성현의 말씀 띠에 적어 몸에 두르고 다녔건만
아직도 배움이 아득하니 계면쩍기만 하구나.
미친 듯 바쁜 중에도 천 겹 위험을 다행히 벗어나서

고요한 곳으로 물러나니 이제야 한가함 맛보겠구나.
얽매인 새도 나무에 깃들일 때가 있고
들 중도 곳을 따라 구름 산에 몸 붙이건만
뒤뜰의 꽃봉오리조차 다투어 비웃는 듯
어찌 이리 좀스럽게도 병들어서야 돌아왔는가!

이때 한양에 세 얻은 집은 현재 덕수궁 뒤편 전 대법원 정원에 해당하는 곳인데, 퇴계가 고향에 내려가 있는 초가을에 부인 권씨가 그곳에서 세상을 떠났다.

부음을 들은 퇴계는 모든 일들이 마음대로 풀리지 못함을 가슴 아파하면서, 두 아들 준과 채에게 상주로서 지켜야 할 예절을 가르쳐 급히 한양으로 올려보낸다. 빠른 시일에 발인해 유해를 700리 길 고향으로 모셔야 했다. 때문에 병을 앓고 있는 그는 올라가지 못하고 한양에서 정삼품 당상관 벼슬자리에 있던, 넷째 형 해에게 상례를 주관해 달라는 편지를 올리며 몸둘 곳을 몰라 한다. 들것에 들린 부인의 유해는 남한강을 배로 거스르고 소백산맥을 넘어서 가을이 무르익는 8월 하순이 돼서야 고향에 내려왔다. 영지산 북쪽 산자락에 묻고 아들 준이 움집을 지어 묘를 지키며 3년 동안 상례를 치뤘다.

퇴계는 온계에서 토계라는 시내를 따라 동남쪽으로 10여 리 내려 간 곳의 건지산 자락에 양진암이라는 암자를 짓고 숨어살기 시작하였다. 양진암이 있던 곳은 현재 도산면 토계리 하계라는 마을에 속하며 바로 뒷산 중허리에는 퇴계의 묘가 자리잡고 있다.

이때부터 스스로 아호를 '토계로 물러났다는 뜻으로 풀이되는 퇴계退

溪라고 쓰기 시작하였다. 퇴계라는 아호 속에는 토계로 물러났다는 뜻 뿐만 아니라 여러 가지 깊은 뜻이 함께 함축되어 있다. 그래서 "연못가 에서 물고기 낚는 것보다 물러나 그물을 짜는 것이 낫다"는 뜻의 시를 쓰기도 했다. 차츰 뜻이 맞는 선비들을 사귀고 편지도 주고 받았다. 이 해에도 두 번이나 벼슬자리를 내려받았으나 올라가지 않았다.

47세
1547년 정미丁未 명종 2년

옛 양진암 자리에서 낙동강이 흐르는 쪽으로 한 5백미터 정도 내려 간 곳에 자하봉이라는 나지막한 산이 있다. 그 기슭에 좋은 집터가 있 어 집을 짓기 시작하였다. 그러나 지으면서 그곳에서 멀지 않은 낙동강 에 임금에게 은어를 진상하기 위해 관청시설인 어량(대나무를 그물처럼 엮 어 물을 막아놓고 고기를 잡는)이 있었다. 어량에는 은어들이 많이 몰려있 게 마련이므로 자연 아이들이 그곳에 가서 고기를 잡을 염려가 있었다. 그래서 퇴계는 다시 온계쪽으로 5리쯤 올라간 대골이라는 곳에 초가집 을 급히 지으면서 이른 봄 살 속으로 스며드는 추위를 그 집에서 견디 었다.

선생은 고려 때 해동 공자라고 불렸던 최충崔冲 선생의 뜻이 끊어지지 않기를 바라며, 또한 중국 송나라의 대학자 주희朱熹를 마음의 스승으로 삼아 도학道學을 배우려는 뜻을 굳게 다짐하면서 새해를 맞았다. 봄이 무르익자 황준량·이숙량 등 선비와 함께 이현보 선생을 모시고, 산천을 유람하는 등 빼어난 산천의 경치에 젖어 그 아름다움으로부터 우주 자연의 진리와 사람의 심성을 헤아리고 시를 읊으며 차츰 도학의 향기 속에 몸이 젖어든다.

특히 월란암에서 『심경』과 『심경주』*를 읽고 하늘이 한 조각 밝은 거울을 열어주었다고 하였다. 그러한 대자연 속 살림이 어쩌면 불교의 참선이나 도교의 신선 수련쪽으로 기울 수도 있겠으나, 자기는 어디까지나 유교의 도학에 뜻 있음을 밝히는 시를 읊는다.

가을로 접어들면서 안동 부사를 맡으라는 명이 내렸으나 받지 않았다. 다시 홍문관 응교로 임명하면서 임금이 불러 올렸다. 어쩔 수 없이 한양으로 올라가서 홍문관에 신고하고 독서당으로 나갔다. 이때 마침 홍문관에서는 의견을 모아 중종의 아들인 아직 나이 어린 봉성군을 사형시켜야 마땅하다는 상소를 올리게 되었다. 갓 올라온 정4품 응교인 퇴계는 상관들인 정3품 부제학, 직제학과 종3품 전한이 모두 서명했으므로 그를 따라 서명하였다. 그러나 알고 보니 봉성군은 간신들의 계략으로 임금이 될 것이라는 역모누명을 쓰고 있었다. 그래서 다음날 모든 관원들이 임금에게 봉성군을 벌하라고 청할 때에, 퇴계는 홀로 홍문관에 남아 있다가 궁궐을 나와버렸다. 이 일을 두고 뒤에 이항복李恒福*은 "실오리 같은 죽음과 삶의 갈림길에서 이렇듯 일

---

* 심경과 심경주: 『심경』은 중국 송나라 성리학자 진덕수眞德秀(1178~1235)가 마음 수양에 관한 성현의 말을 모아서 해설을 붙인 책이고, 『심경주』는 중국 명나라 유학자 정민정程敏政이 『심경』을 다시 해설한 책.
* 이항복: 1556~1618. 조선 중기 정치가. 자는 자상子常, 호는 필운弼雲 또는 백사白沙. 시호는 문충文忠이다. 세상에서는 오성대감으로 유명하다. 『사례훈몽』 등이 있다.

의 옳고 그름을 가려낼 수 있는 것은, 쇠를 끊는 듯한 용기이고 정신없이 내달리는 수많은 말 가운데에서, 고삐를 잡아당겨 말을 멈추게 하는 힘이라 할 수 있다. 그렇듯 남들과 합세하지 않기가 그 자리에 없던 사람은 상상하기 어려울 지경인데, 퇴계는 능히 그렇게 할 수 있었다"라고 감탄하였다.

이 무렵 읽은 책들 가운데 "길고 짧은 생각이 정신을 허물어 내린다. 오직 마음이 맑고 비어야만 정신이 길러진다…. 마음이 조용하여 물결이 일지 않으면 그에 티끌 또한 붙지 않는다"는 내용이 포함된 생명력을 기르는 일에 관한 책이 있었다. 그렇지 않아도 책을 너무 많이 읽은 탓인지 몸이 쇠약하고 병치레가 잦았던 퇴계는 그 책을 읽고 큰 자극을 받아 앞으로 몸과 마음을 잘 길러나갈 것을 다짐한다.

선생은 주로 경연에서 임금에게 『논어』 등 경전과 옛 성인들이 훌륭하게 정치하던 시절을 일깨우는 역할을 하면서 임금은 인재를 길러 키울 책임을 깊이 깨달아야 한다고 말하였다. 그리고 이때 나라에서는 백성들이 주된 사업인 농사는 안 짓고, 장사에 힘 쓰며 도적이 많이 일어나는 등 폐단이 많다는 이유로 지방의 시장市場을 금하고 있었다. 퇴계는 "심한 흉년으로 현재 농사로는 백성들이 살기 어려운데, 서로 있는 물건과 없는 물건을 바꾸어서 살아가는 일조차 못하게 해서는 안 된다"는 의견을 올렸다.

겨울로 접어들면서 몸이 아파 휴가를 얻고, 독서당에도 나가지 않고 집 안에서 온 겨울을 지냈다. 이 때에도 여전히 거칠거나 간사한 사람들이 주로 세력을 쥐고 어진 사람들을 꺾어버리는 일들이 봉성군 사건에서 보듯 계속되고 있음을 그의 지혜로운 눈으로 간파하고 있었다. 개인은 물론 나라의 정치도 근본이 바르게 서지 못하고 있음을 근심하였던 것이다. 선생은 이 해를 못 넘기고 마침내 병을 이유로 사직한다.

한편 고향에서 어머니 3년 상례를 마친 지 얼마 안 된 두 아들 준과 채에게 "내가 없다고 학업을 게을리하지 말라. …어영부영 나날을 보내면서 앞으로 나아가지 않는 것은, 곧 뒤로 물러나는 것과 같고 끝내는 할 일 없는 사람이 되고 만다"는 내용의 편지를 보내 깨우치는 일을 잊지 않았다.

48세
1548년 무신戊申 명종 3년

사직하겠다는 뜻이 받아들여지지 않고 정월에 충청도 단양군수로 발령받았다. 그 동안 독서당에서 사귄 친구들이 만들어준 이별의 자리에서 시를 읊으며 술잔을 나누었다.

단양에 부임하자 좋아하던 책 읽기도 그만두고 어떻게 하면 잘 다스릴 수 있을까 군민들의 일만 생각하였다. 하루는 굶주리는 군민들에게 창고 곡식을 나누어주고 해 저물어 돌아오면서 다음과 같은 한문시를 읊는다.

한 번 물러나 군수로 나오니
성글고 게으름이 부끄러운데
군민은 가난하고 봄은 닥쳐 와
마음은 절로 근심에 차서

동녘 붉은 벼랑에 남은 눈을 지려밟고 나갔다가

해 저무는 경치 산 속에 어지러울 때

신음하며 돌아오노라.

봄바람에 잡풀 자라도 사람들은 오히려 그를 부러워하고

하늘에 풀려 난 갈매기 한가로워도 나는 함께 할 수가 없는데

열 집 작은 마을 견디다 못하여

별빛 안고 통발 들어 물고기를 잡누나.

이 거문고 노랫소리 어찌해야

저 민요의 노랫소리를 명랑하게 할 수 있을까!

그런 가운데 외가 동네인 의령에 가서 살던 둘째 아들 채가 스물한 살의 나이로 세상을 떠나고 만다. 찢어질 듯한 가슴을 도학을 통한 깨달음의 힘을 빌려 어루만지는 동안 퇴계는 녹음이 짙어지는 초여름을 맞는다. 단양은 원래 산과 물이 잘 어우러져 경치 좋은 곳이 많았다. 퇴계는 공무차 군민들을 돌아보거나 때때로 한가할 때에는 경치 좋은 곳을 찾아 그 아름다움을 시로 읊거나 글로 써두었다가 책으로 엮었다. 오늘날 명승지로 유명한 단양팔경을 찾아내 하나하나 이름을 붙이기도 하였다.

겨울로 접어들 무렵, 넷째 형 해도 승진을 사양하고 지방으로 내려가기를 희망하여 충청도 관찰사가 되었다. 같은 도에서 형은 관찰사이고 동생은 그 관할에 속한 단양군수이다. 이러한 관계를 피하기 위해 조정에서 퇴계를 소백산 넘어 경상도 풍기군수로 발령하였다.

단양을 떠날 때에 그가 가진 것은 묘하게 생긴 돌 두 개뿐이었다. 그

가 죽령에 이르렀을 때 단양의 관졸이 삼麻을 지고 쫓아와 "이것은 군청 소유 밭에서 수확한 것입니다. 사또께서 떠날 때에는 이것을 드리는 것이 관례로 되어 있습니다"라고 하였다. 퇴계는 "내가 시키지 않았는데, 어찌 너희들이 함부로 지고 올 수 있느냐? 도로 가져다 두었다가 뒷날 고을을 위해 쓰도록 하여라" 하고 물리쳐 보냈다.

퇴계가 떠난 뒤 단양군청의 아전들이 새로 올 사또를 맞기 위해 군수가 쓰던 방을 수리하러 들어가 보았다. 창과 벽에 바른 벽지가 얼룩이나 흠집 하나 없고, 새 방처럼 깨끗해 수리할 필요가 없어진 아전들이 기뻐하였다.

49세
1549년 기유己酉 명종 4년. 백운동서원을 소수서원이 되도록 국가에 요청

소백산 아래 풍기에서 새해를 맞은 퇴계는 정월부터 백운동서원에서 시도 읊고 제사 지내는 예절에 대해서도 살펴본다. 백운동서원은 퇴계보다 먼저 이곳 풍기군수였던 주세붕이 지방 사람들에게 학문을 가르친 곳이었다. 또한 고려 때 이곳 출신 대학자였던 안향安珦을 제사지내기 위해 순흥 백운동 마을의 죽계竹溪라는 시냇가에 세운 우리 나라 최초 서원으로 군수가 책임자였다. 학문이 주된 관심사였던 퇴계는 자연 이 서원에 자주 나가 시도 여러 번 읊게 되는데, 서원 교육의 목적을 암시하며 학생들에게 보여준 한문시가 있다.

소백산 남녘 들 옛 순흥 땅에

흰 구름 겹쳐진 속을 차가운 죽계 흐르는데
인재 길러서 도 높이니 그 공이 얼마나 원대하며
사당 세워 현인 높이니 그런 일 일찍이 없었네.
우러름 받아서 빼어난 인재들 절로 모여들어
숨어 수양하는 것은 출세를 그리워함 아니니
옛 사람 볼 수 없으나 그 마음은 더욱 뚜렷한데
달은 모난 연못을 비추어 얼음인 양 싸늘하구나.

여름으로 접어들면서 부석사 주지 안내를 받아 며칠 동안 소백산의
여러 봉우리들을 등산하면서 아름답고 뜻깊은 이름들을 지어 붙이기
도 하였다. 소백산 등산 후 유람기행문을 남겼는데, 문장이 물 흐르듯
시원하다. 뿐만 아니라 그 속에 담긴 정서는 자연을 읊는 시인처럼 매
우 문학적이다. 내용은 아주 사실적으로 자세하다. 읽는 것만으로도 소
백산이 가슴에 와닿는 훌륭한 기행문이다.

이 무렵 퇴계의 선비다운 모습을 엿볼 수 있는 일화가 있다. 군청 북
쪽에서 얼마 멀지 않은 곳에 용천사라는 절이 있었다. 고려 태조 왕건
의 모습을 그린 그림이 왜구의 난리를 피해 이곳에 전해져 있었다. 처음
에는 그림이 잘 모셔져 있었으나 그뒤 불이 나서 조그만 나무상자 속에
넣어 갈무리하게 되었는데, 승려들이 그 사실을 모르고 나무베개로 쓰
고 있었다. 어느 날 퇴계가 그것을 보고 차마 그대로 둘 수 없어서 주지
에게 방 한 칸을 마련해서 잘 모셔두라고 하였다. 퇴계는 방이 만들어
지기 전에 군수자리를 떠나 고향으로 돌아가게 되었다. 이 일로 조정에
서는 퇴계가 고려 태조의 사당을 세우고, 제사 지내려 한다고 의심하면

서 대관臺官들이 들고 일어났다. 다행히도 힘써 말리는 사람이 있어 벌을 면할 수 있었다.

늦가을에는 병 때문에 공무 처리하기가 힘들어 경상 감사에게 사직서를 올렸다. 그리고 휴가를 얻어 마침 제사 지내기 위해 고향으로 내려가는 넷째 형 해와 함께 고향으로 돌아가서 이현보 선생도 만났다. 다음 달 형과 함께 풍기로 돌아와서 하룻밤을 쉬었다. 그리고 죽령 허리쯤에 있는 촉령대에서 서로 시를 읊어주면서 충청 감영으로 돌아가는 형님을 배웅하였다.

한 해가 저물어가자 퇴계는, 서원이 없던 우리나라에 백운동서원이 최초로 세워졌는데, 나라 차원에서 지도하고 지원하지 않으면, 참으로 바람직한 사업임에도 불구하고 없어질지 모른다는 걱정이 들었다. 그래서 옛날 중국 송나라에서 하던 예를 본받아 나라에서 책과 현판을 내려주고, 논과 밭도 지원하여 학생들이 마음놓고 공부할 수 있도록 해달라는 뜻을 경상 감사에게 올리고 임금에게 청해 달라 하였다. 이 때의 감사 심통원沈通源이 퇴계의 뜻을 조정에 알리자, 임금은 소수서원紹修書院이라는 이름과 함께 『사서 오경』과 『성리대전』 같은 책들을 내려보내고 논과 밭을 주어서 재정을 지원하였다. 이로부터 조선에 서원이 차츰 세워지고 뒷날 극성기를 지나 부패하기 전까지 참다운 선비를 많이 길러내는 역할을 담당하게 된 것이다.

이때에 소수서원이 있는 동네에 배순裵純이라는 대장장이가 살았다. 퇴계가 서원에서 학생들을 가르칠 때에 항상 뜰 아래 와서 가르치는 내용을 귀담아 들으며 배우곤 하였다. 이 시절 대장장이는 신분이 낮아서 선비들과 자리를 함께 할 수 없었다. 이 사정을 안 퇴계는 배순에게 가까이 와서 가르침을 듣도록 하였다.

이 해가 가기 전 퇴계는 세 번이나 감사에게 사직서를 올리는데, 회답이 오지 않자 해임 명령을 기다리지 않고 몇 상자의 책만 가지고 고향으로 돌아갔다.

선생이 떠나자 배순은 쇠를 녹여 부어서 선생의 모습을 만들고, 아침저녁으로 향을 피운 뒤 그 앞에서 책을 읽곤 하였다. 배순은 이로부터 20년 뒤에 퇴계가 세상을 떠났다는 소식을 듣고 스스로 3년 동안 상복을 입고 퇴계 선생의 상像을 모셔놓고 제사를 지냈다.

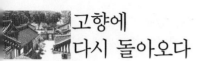

고향에
다시 돌아오다

본래 출세하기에는 어려움이 많을 정도로 순수하고 반듯한 성격을 타고난 퇴계였다. 그는 명리와 권세를 잡기 위해서라면 못할 일이 없는 사람들이 모여들어, 몇 번의 사화까지 일으키며 만든 살얼음판 같은 벼슬의 세계를 오직 도덕과 학문의 힘으로 이제까지 큰 화를 당하지 않고 지내왔다. 마흔아홉 살이 끝날 무렵에 용기를 내어 풍기군수 자리를 버리고 고향으로 돌아왔다. 쉰 살에야 비로소 어릴 때 그려보던 높고 원대한 학문과 인격완성의 꿈을 아름다운 산천과 다정한 가족들 사이에서 한 발 한 발 실천하게 되었다.

50세
1550년 경술庚戌 명종 5년
정월이 되자 조정에서 명령 없이 맡은 자리를 떠났다고 책임을 물어 벼슬 등급을 2단계 깎아서 파직처분을 내렸다. 이 소식을 들은 퇴계는 아들에게 "이제야 마음이 편안하다"고 말하였다.

이때 살고 있던 대골은 마을이 너무 좁아 주위 환경이 좀 넓고 시냇물도 흐르는 곳을 찾았다. 그 결과 다시 온계쪽으로 5백 미터쯤 올라간 곳에 터를 잡아 세 번째로 초가집을 짓고 한서암寒棲庵이라 불렀다. 이 한서암에 살면서부터 호를 '퇴계 노인'이라 불렀다. 이 무렵의 심정은 아래의 시에 잘 나타나 있다.

몸은 물러나 어리석은 분수에 맞게 되었으나
학문은 퇴보하여 나이 늙음이 걱정이네.
시냇가에 이제야 집을 마련하여
흐르는 물 굽어보며 날마다 자신을 돌아보노라.

차차로 여러 곳의 선비들과 주고받는 편지가 많아지고 내용도 학문적으로 깊은 문제를 다루게 된다. 어느 봄날 풍기에 사는 참다운 선비 황준량이 한서암으로 찾아왔다. 막걸리 마시며 시를 읊고 그 동안 있던 일들을 이야기하였다. 이현보 선생과도 여러 번 만나서 시를 지어 주거니 받거니 읊으며 자연속으로 한 발 더 들어가기도 하였다. 때로는 1,100여 년 전 중국 시인이었던 도연명의 시에 맞춰서 스스로의 한서암 생활을 노래하며 비교적 가슴속이 후련한 가운데 여름을 지냈다.

추석을 한 달 앞둔 늦여름에 퇴계가 즐거운 시간을 갖는 것을 시샘하듯, 항상 의지하고 존경하던 넷째 형이 나쁜 벼슬아치들에게 헐뜯음을 당하였다. 억울한 죄를 쓰고 모진 형벌을 당한 뒤에, 평안도 갑산으로 귀양가던 중 양주에서 매맞은 후유증으로 세상을 떠났다. 이때 넷째 형 해瀣 공은 지금의 서울시 부시장에 비유할 수 있는 한성부 우윤右尹이라는 벼슬자리에 있었다. 그에게 죄를 얽어 씌운 사람들은 지난 번 사화를 일으켰던 이기와 그를 따르는 무리들로 그에게 사사로운 앙심을 품었던 사람들이다. 모두들 윤리, 도덕에 어긋난 일을 서슴없이 저지르면서 한때의 권세를 잡고는 서로 이해관계를 함께 하는 무리들로, 공의 바른 사무처리를 공연히 미워하거나 그 때문에 손해를 본 사람들이다.

퇴계는 추석을 지내고 9월 1일에 바위재라는 곳에서 형님 시신을 맞이하고 가슴 아프게 울었다. 12월 11일에 제비실이라는 곳에 묻어 드렸으나, 죄인의 몸이라 정식으로 장례 예절을 갖추지 못하였다. 이로부터 18년 뒤, 선조가 왕위에 오르고서 억울함이 풀리자, 비로소 그 아들들이 정식으로 예를 갖추어 지내고 만 2년 동안 묘 옆에서 모셨다.

이 무렵 퇴계가 거처하면서 제자들을 받게 되는 집을 계상서당溪上書堂이라 불렀다. 퇴계의 시를 통해 보면 큰 비바람이 불 때는 넘어질까 걱정될 정도로 작은 규모의 허술한 집이었던 듯하다. 다시 새해를 맞아 몸도 마음도 차츰 초야에 묻힌 학자로 자리를 잡아간다.

그러자 퇴계는 자신이 닦고 있는 학문의 계통을 분명히 할 스승이 있었으면 좋겠다고 느껴 다음과 같은 한문시를 읊는다.

오늘날 어느 누가 제일이어서
굳센 쇠 들보 되어 천 년을 지고 있는가?
맛은 적을수록 여러 맛이 남을 알아야 한다는 듯이
근심은 없다 말하면 오히려 생기네.
사상채謝上蔡는 이익이란 문을 뚫고 나와

정程 선생의 학문을 받들었고
호적계胡籍溪는 물질의 어지러움 밝혀 보고서
주朱 선생의 가르침 따랐거늘
애달프다
내 나이 반백에도 찾아가 의지하고 우러를 곳 없어서
예나 이제나 사람들 사이를 쓸쓸히 걷누나.

그런 나머지 당나라의 유명한 시인 두보杜甫의 시를 읽고 다음과 같이
화답하기도 한다.

……
구름 문을 두드려 도를 묻고
남 모르는 경지 얻고 싶어서
신선 되는 약, 석수石髓조차 얻을 수 있기를 바라며
생명의 알맹이 있는 곳에서
귀한 약초, 옥지玉芝를 먹고자 하네.
천년토록 즐거움이 남으리니
한낱 티끌이야 어찌 그리며 슬퍼하랴.

그러다가 문득 3백여 년 전 중국 송나라 때의 주자가 자신의 입장과
비슷한 곳이 많다는 생각에 잠겨 있기도 한다. 하루는 계상서당에서 조
목趙穆* 등 몇 사람의 제자들과 함께, 우주의 진리와 사람의 양심과 본성
을 밝히고 익히는 학문의 바른 계통은 누구에게서 누구에게로 전해져

왔는지 따져가며 가르친다.

　조선 도학에 있어 큰 스승이 되는 첫걸음을 시작한 것이다. 참된 학문은 입과 귀로 하는 것이 아니고, 자신의 인격 전체를 가지고 우주의 진리와 사람의 양심 및 본성을 밝히고 익혀야 하는 것이다. 그를 몸에 익히는 쪽이 그를 이론적으로 밝히는 쪽보다 주가 돼야 한다는 내용이었다. 이러한 참된 학문을 하는 선비를 높이 알아준 나라는 중국 송나라가 제일이었고, 학자로는 역시 송나라 때의 주자가 가장 흠 없이 원만하다. 그런데 송나라 조정은 주자를 오히려 멀리하였을 뿐만 아니라 나쁘다 하였으니 안타깝게 생각한다는 뜻도 전달하였다. 나아가 주자의 가르침이 가장 원만하여 학문의 뿌리와 바탕이 되며, 끝가지에 해당하는 것이 함께 이루어질 수 있으므로 그것을 바로 배우면 가장 폐단이 없을 것이다. 그렇지만 그 끝가지에 해당하는 것만을 잡고 따지면 결국 입과 귀로만 학문할 염려가 있다는 점도 말하였다. 또한 우리나라에서도 고려 때의 정몽주鄭夢周, 이색李穡, 권근權近과 조선의 김종직金宗直, 김굉필金宏弼 등이 적든 크든 그 학문을 이어받은 학자들이었다고 평하였다.

　이 자리에 모였던 스승과 제자들이 서로 시를 지어 속마음을 주고받았다. 퇴계 선생은 스승으로 제자들의 한문시에 맞추어 학문하는 데 가장 중요하게 여길 일들을 읊어주었다.

　흰머리에 정력은 비록 강하지 못해도

* 조목: 1524~1606. 15세부터 선생의 제자가 되었고 뒷날 도산서원이 건립되자, 퇴계 선생과 함께 사당에 모셔졌다.

여러 책을 찾아봄은 남 모르게 바라는 것 있음일세.
세상에 나아가고 물러난 일 같은 학자들의 비웃음 살 만하나
일생토록 얻고 싶은 것은 돌아갈 곳 몰라 하지 않음이었네.
고요함 속에서 만물 함께 봄 맞음을 기뻐하건만
옛 성현의 즐거움과 어짊을 이룬 사람
그 누구인가?
서로 갈고 닦아줄 스승과 벗 없음이 한스러우니
예로부터 무리를 벗어나 혼자 공부하면
쉽게 막히는 사람된다 하였네.

사물을 연구하고 양심을 간직하니
진리 절로 녹아들어
눈앞에 빛살 쏟아지지 않는 땅 없구나.
이제야 실천이 참으로 어려움을 알아
어려운 곳에서 어렵지 않으니 차차로 통하겠구나.

학문은 마땅히 마음공부부터 먼저 해야 하고
글공부는 하다가 틈나면 시도 또한 익히네.
아홉 길 높이 쌓음 어려운 일 아닌 줄 알려면
평지에서 한 삼태기부터 시작해야 하리라.

명예와 이욕은 큰 파도처럼 넘실대고
세상살이도 그와 같으니
그 옆 언저리에 붙어 있고서야

휩쓸려 들어가지 않을 이 그 누구인가?
이 관문을 뚫고 나면 그제야 잠시 마음 놓이니
사나이라면 모름지기 땅 위에 사는 선인仙人되어야 하리.

발을 다치고 불효라고 깊이 걱정한 이는
옛 성현의 제자, 악정자樂正子*이었고
연못의 살얼음 조심하라는 지극한 타이름은
예나 이제나 새롭기만 하건만
일찍이 어버이 받들어 모심 잘하는 것이
벼슬살이에 있지 않음 알았더라면
무엇 하러 그 해에 힘들여 일을 꼬이게 만들었을까….

어릴 적 집에서 『논어』「학이편」을 배우고
늙어지자 참된 맛 가슴을 적시려 하니
어느 누가 아침저녁 나의 잘못 공격해도
한 일一자 잊지 않고 그 인격 역사에 빛나는 분 섬기네.

안개 속 표범은
깊이 숨어 스스로 얼룩무늬 기르고
악와강渥洼江*에 사는 용의 품성은
하늘 나라 살기에 어울리듯

* 악정자: 전국시대 노나라 사람으로 맹자의 제자이다. 악정은 성, 이름은 극克이다.

선비의 보배로움은
앉음 자리 위에 앉아 있음에 있으니
어찌 가벼이 일어나 써버리랴.
마음 거울 천 번 갈아 가슴 비추어 시원하네.

예로부터 이제까지 수천 년
이 땅 동쪽끝 해 뜨는 변두리에
공자·맹자·정자·주자의 책 모두 있었으나
그 연원 정통으로 이어지기에는
인연 없었던 듯 보이네.

자연의 변화 속에는 열흘 붉은 꽃이 없고
꽃이 흐드러지면 열매가 많지 않은데
오늘날 사람들은
앞다투어 글 꽃의 아름다움만 높이니
뿌리와 원줄기 다 없어지면 어디 쓸 데 있으랴.

문장은 진리와 속뜻 내버려두고
새롭기만을 다투며
경전의 풀이는 말꼬리나 이으며
비뚤어지고 곰팡내 나서

* 악와강: 용이 산다는 중국의 강 이름.

눈은 공중에 뜬 꽃에 어지럽고

마음은 안개에 어두우니

가슴 아프구나

과거 시험과목이 오늘 사람들 그르침이….

나는 연극 무대 위의 놀음에

오래도록 머리를 묻었다가

몸 돌려 돌아왔으나

도는 옛보다 아득하여

먼지 쌓인 책 다시 잡고 늘그막에나 찾으려 하지만

병들고 생각도 힘 없어 느느니 근심뿐이네.

아침에는 수레 매어 일소를 몰고

저녁에는 옛책이라.

옛 사람들

밭 갈고 책 읽으며 높은 멋 받들었건만

생활 꾸리느라 학업 뺏길 두려움

오늘날 더욱 심해지니

가슴 아프게 하는 것

이욕과 명예만이 아니네.

잔일에 매이던 그 시절

속 시원히 다녀보지 못하더니

책 짓는 이제도 가난과 근심의 눈치만 살피나

마음속 깨달음으로 기쁘고 즐거운 곳 있을 때만은

맛좋은 포도주로 원님 자리 바꾸는 듯하네.

사람들 흔히

알맹이 없이 무릅쓰기만 하다가

손가락질 받아 마땅하게 되지만

알맹이를 얻는 것은 차라리 어린 새가 날기를 익힘 같다네.

답답하구나! 이 말을 누가 알아들으랴.

앉아서 하늘 위에 흰구름 떠 돌아가는 것 바라보네.

농암 이현보 선생과 자주 만나서 자연과 학문을 노래하였다. 그리고 계상서당에 네모난 연못을 파고 연꽃을 심어 이미 있던 소나무, 대나무, 매화, 국화랑 함께 다섯 벗을 만들었다. 퇴계 자신까지 포함해 여섯 벗의 모임을 이루고 가슴 뿌듯하여 다시 시를 읊는다.

……

베개 베고 신선 세상 노닐다가 돌아와

『주역』의 창 열어 읽노라.

천 근 종이야 맨손으로 칠 수 없지만

여섯 벗이야 부르기만 하면 따르네.

……

겨울이 되어 한 해가 저물어갈 때에 김부륜이 시 한 수를 지어 서당으로 찾아왔다. 옛날 퇴계가 영지산에 달팽이 같은 집을 지어놓고 읊었던 시를 기억나게 하였다. 그러자 26년 전에 세웠던 동해보다 더 큰 포부가 절로 새로워지면서, 그 동안 나고 죽고 슬프고 즐거웠던 일들이 눈 앞을 스쳤다. 아직도 별로 진보한 것 없음을 한숨으로 때우며 그 속마음을 옛날 시의 운율에 맞추어 또 한 수의 시로 읊었다.

52세
1552년 임자壬子 명종 7년

창 밖에는 곧 봄이 올 것을 알리는 매화가 피어 있다. 선생은 방 안에서 죽은 듯 앙상한 가지에 잎도 피지 않은 채, 문득 꽃이 피어 생명의 신비를 깨우쳐 주는 매화 속에 숨은 우주의 이치를 바라보곤 했다. 눈길을 돌려 누런 책표지를 넘기면 성현의 가르침들이 날마다 새로운 내용을 말해주었다. 특히 『주역』을 읽을 때에는 어느 때보다 마음을 고요히 하고 잡생각을 떨쳐버린 뒤에 깊이 숨어 있는 이치들을 바르고 치우침 없는 사고방식으로 탐구하였다.

이현보 선생을 찾아뵙기도 하고, 선생이 아들들과 함께 계상서당으로 찾아오기도 하였다. 아름다운 산천과 정자들을 찾아 대자연과 사람의 진리를 읊으며 지냈다. 그러는 동안 뒷날 퇴계 선생의 큰 제자가 될 선비들이 차츰 찾아오기 시작하였다.

석가탄신일 며칠 뒤에 조정에서 정5품 벼슬인 홍문관 교리 등의 자리를 다시 맡으라는 명령이 내려왔다. 풍기 군수를 지낼 때보다 2계급이 깎인 벼슬이었다. 어쩔 수 없이 다시 한양에 가서 홍문관, 춘추관, 승문원의 일을 보면서 임금을 모시고 경전을 읽거나 성현의 가르침을 설명하여 올리기도 하였다. 5월 8일 경연에서는 임금에게 사람들이 마음을 닦고 기르게 하는 정치를 펴달라는 말을 올렸다.

무릇 사람이 나쁜 일을 할 때에는 스스로 '이만한 일쯤이야 무슨 해로움이 있을까?' 하지만, 그 나쁨이 자꾸 쌓이면 마침내는 큰 화에 이르게 됩니다. 그래서 옛 사람은 '착함을 좇는 것은 위로 오르는 것 같고, 악함을 좇는 것은 무너뜨리는 것과 같다'고 말했습니다.
위로는 임금님으로부터 아래로는 보통 백성에 이르기까지 모두 성인의 가르침에 따라야 합니다. 안으로는 사람의 양심과 본성을 보존하고 기르는 방법을 익히며, 밖으로는 무슨 일이나 사고방식에 치우침이 없도록 정성이 한결같아야 합니다. 그래야 일마다 개인의 사사로운 마음이 뒤섞이지 않게 될 것입니다. 삿된 마음도 절로 싹트지 못하고 하는 일이 한결같이 공정하게 공과 사가 가려지고, 이해타산보다는 올바른 도리가 분명하게 될 것입니다. 원컨대, 임금님께서는 깊이 살피시고 잊지 마시옵소서.

이러한 강의를 듣고 임금이 퇴계 선생을 존중했는지, 종3품 벼슬인 사헌부 집의 자리에 임명하였다. 사임을 원했으나 허락하지 않았다. 오히려 늦여름에 정3품 당상관 벼슬인 성균관의 대사성 자리가 비자, 선생이 당하관 가운데서 제일 글 잘하고 재주 있는 실력가로 추천돼 그에 임명되었다. 그러나 겨울이 오면서 선생은 대사성 자리를 사직하고 싶으니 면해 달라는 소장을 올리고, 다시 고향으로 내려가려는 뜻을 굳힌다. 아들 준에게 편지를 써서 계상서당의 꽃과 대나무를 잘 보호하고, 그 앞 버드나무도 함부로 베는 일이 없도록 하라고 당부하였다. 고향에 타고 갈 말을 살 수 있도록 내년 정월 대보름 전으로 무명을 사서 올려 보내라고 하였다.

그 가운데 자형姉兄의 장례에 아들 준을 보내고, 일찍 세상을 떠난 허 씨 부인의 제사를 경상도 지방시험에 응시하러 간 준을 대신해 손자 안 도安道에게 지내게 했다. 넷째 형님의 묘를 모시는 조카들을 위로하는 등 여러 가지 집안 일도 편지를 보내 처리하였다. 또한 다른 선비들의 글을 읽고 그 내용과 관련된 일들을 밝히는 발문 형식의 글을 글 끝에 붙여주기도 하였다. 특히 어느 여름 날 박희정朴希正에게 주자와 그의 스승 이동李侗 선생이 주고받은 편지를 모아놓은 『연평답문延平答問』을 빌려 보았다. "소경이 눈을 뜬 듯, 목마를 때 물을 마신 듯하다"고 기뻐하며 그 책을 베껴 썼다.

이 시절 퇴계 선생은 자신의 잦은 병 탓인지 한약을 조제하는 처방 문도 상당한 수준까지 알고 있었다. 특히 위장병을 치료하고 명치쪽에 체한 기를 푸는 효능을 가진 사향소합원이라는 환약을 조제해 여러 사 람에게 나누어 주었다. 그 효력이 좋았음이 선생의 가까운 사람들에게 보낸 편지 속에 나타나 있다.

53세

1553년 계축癸丑 명종 8년. 주기론적 성리학의 선구자 이언적 사망. 경복궁이 불에 탐

초여름에 명종이 당시 학교 교육이 황폐하고 해이함을 알고서, 성균 관 대사성인 선생에게 분명한 의지로 교육을 권장하라고 하였다. 선생 은 자질 없음을 이유로 사양했으나 허락되지 않았다. 그래서 네 국립학

교에 공문을 보내 학생과 스승 모두를 일깨우는 나라의 뜻을 알렸다.

당시 나라에서는 고려 때의 5부학당 제도를 본받아서 한양의 동·서·남 세 곳과, 중앙 모두 네 곳에 『소학』을 가르치는 학당을 세워 어린 소년들을 입학시켰는데 각각 정원은 1백 명이었다. 이곳에 입학한 소년들은 기숙사에서 생활했으며 운영경비는 나라에서 부담했고 교수와 훈도는 예조에 소속된 사람이었다.

오늘날 국립대학 총장에 해당하는 대사성 퇴계가 이들에게 보내 일깨운 공문의 내용은 대략 다음과 같다.

요사이 네 학교 학생들의 예절이 어지러워져서 걱정이다. 학교는 사회 풍속을 아름답게 하는 뿌리가 되는 곳으로서 예절과 정의의 모범이며 꿈나무들이 모여 있는 곳이기에 나라에서 이를 설치하여 장래의 선비를 기르는 것이다. 그 뜻이 자못 높고 크고 멀다….

이제부터 학생들은 모든 일상생활이나 먹고 마심에 있어서 예절을 도리에 맞게 지킬 것이며 서로 충고하고 격려해서 몸에 밴 나쁜 습관들을 버리도록 힘써야 할 것이다. 나라에서는 우리의 문화를 높이 발전시키고 세상의 풍속을 아름답게 하기 위해 학교를 세워 놓고 장차 큰 선비가 될 꿈나무를 키우고 있는 것이다. 그대들은 학교 안에서도 어버이 섬기는 마음으로 어른과 윗사람을 섬기며 안으로는 충성스럽고 믿음 있는 마음을 기르기에 주로 힘쓰고 밖으로는 온순하고 공손한 행동을 실천함으로써 나라의 높은 뜻에 보답하여 주기를 바란다.

이 해 겨울에 퇴계 선생은 이웃에 사는 정지운이란 학자가 만든 『천명도설天命圖說』이란 그림과 설명을 보게 된다. 『천명도설』은 하늘과 땅과 사람이 이루어진 원리와 그 운행 변화의 이치들을 그린 그림에 설명을 붙인 것이다. 그림에는 하늘과 땅과 사람이 하나의 명命에 이어져, 모두가 같은 원리 안에 하나같이 합쳐진다는 내용을 한 눈에 알아 볼 수 있다. 선생은 정지운과 그림을 보고 '이것은 잘못되었으니 고쳐야 하고, 이것은 필요없으니 지워버려야 할 것이다. 저것은 모자라는 점이 있으니 보충해야 하는데, 어떠하십니까?'라고 물었다. 정지운이 그렇게 그린 이유를 밝혀가며 서로 의심나는 곳을 변명하고 토론하였다. 대부분 퇴계 선생의 의견을 받아들여 지극히 마땅하다고 생각될 때까지 고쳤는데, 조금도 노여워하거나 아쉬운 빛이 없었다. 그 뒤 두어 달 동안 정지운은 그림과 설명을 정리하고, 다시 그려 퇴계에게 도움과 지적을 받고 완성하였다. 선생이 처음에 본 그림을 『천명구도天命舊圖』, 뒤에 고친 것을 『천명신도天命新圖』라 하였다. 선생은 『천명신도』와 그 설명문 뒤에 내력을 밝히는 글을 써붙였다. 『천명신도』는 그 뒤 학자들에게 큰 영향을 준 중요한 연구 대상이 되었다.

이때 퇴계 선생은 자신의 호를 청량산인淸凉山人이라 썼다.

이 무렵 조정에서는 퇴계가 글을 잘 짓는다고 알려졌다. 궁궐을 지을 때 대들보를 올리면서 노래처럼 부르는 상량문이나, 새 건물을 지었음을 종묘에 알리는 제사에서 그 내력을 읽어 올리는 고유문告由文이나, 그러한 건축을 하게 된 이유를 설명하고, 어떤 사람들이 어떤 과정으로 공사하였으며, 언제 어느 건물이 완공되었는지 기록하는 글 등을 선생이 맡아 짓게 되었다. 특히 이 무렵 경복궁에 불이 나 다시 지었다. 그 건축 과정을 기록한 『경복궁중신기景福宮重新記』를 잘 지어 고맙다고 임금이 선생에게 말 한 필을 내려주었다. 일반 학자들도 책 머리말을 지어 달라고 찾아오고 서원에서는 제문을 부탁하기도 하였다.

선생은 붓글씨 솜씨도 뛰어나서 궁궐의 이름을 간판에 써서 추녀에 달아 놓는 편액扁額도 썼다. 퇴계의 붓글씨 솜씨는 중국 위진시대의 유명한 서예가 조맹부와 왕희지를 이어받으면서 더욱 꾸밈없이 깨끗하고 부드러워져서 자기만의 경지를 이루었다. 선비들은 퇴계 선생의 붓글씨 체라는 의미로 '퇴필退筆'이라 부르면서 따라 익혔다.

선생은 달력의 날짜 아래에 매일 '오늘은 어느 책을 봤고 어떤 의문점이 생기거나 풀렸으며, 진리를 깨달음이 어떠하였고 어떤 수련 방법을 익혔으며, 어떤 허물을 고치고 닦아냈으며 조심한 말과 행동은 어떠어떠한 것이었다 등을 낱낱이 적어 두었다. 오늘날 세상에 알려진 기록은 퇴계가 오십사 세 때이다.

이 해에도 많은 시를 지어 읊었는데, 8년 전 1546년에 세상을 떠난 서경덕 선생의 글을 모은 문집인 『화담집』을 만들 때에 그 책 뒤에 붙일 한문시를 지었다.

슬프도다 화담 선생
이제 영원히 나와 멀어졌구나.
몸을 벌떡 일으켜 성현과 철인들 의지하고
대자연 살피면서 솔개 날고 물고기 뛰어오름 즐기더니
갓에 앉은 세속 먼지 털던 그 손 놓아버리고
차고 다니던 반달호미조차 던져 버렸구료.
그 시절 만나 보았다면 십 년 글 읽는 것보다 나았으련만.

55세

1555년 을묘乙卯 명종 10년, 을묘왜변이 일어남

선생의 마음은 더욱 고향으로만 달려갔다. 고향에 계시는 이현보 선생이 신선으로만 생각되고, 하루 빨리 내려가서 그 분과 함께 신선 같은 생활을 누리고 싶었다. 광희문 밖에서 뚝섬(두모포) 쪽에 있는 독서당에 나가면서, 병이 깊어 나랏일을 보기 어려우므로 대사성 자리를 면해 달라는 사직서를 세 번 올려 마침내 해직되었다. 해직명령이 내린 그날로 배로 강을 건너 쉬고 있었다. 그런데 조정에서 임금 이름으로 중추부中樞府 정3품 첨지사僉知事 자리를 임명하면서 성에 돌아와 의원치료를 받으라고 하였다. 조선시대 중추부라는 관서는 당상관 벼슬하는 사람들 가운데 특별한 직책 없이 대기 상태인 사람들이 소속된 곳이었다. 퇴계 선생은 임금의 은혜에 감사하오나 사양한다는 뜻의 글을 올리고, 거절되었지만 배로 남한강을 거슬러 고향으로 돌아왔다.

고향에서 집안 형님들과 시를 짓기도 하고, 이현보 선생과 자주 만나 서로에게 시를 지어보내며 지냈다. 아들 준이 나라의 물품관리를 맡아보는 제용감濟用監이라는 관서의 정8품 벼슬자리에 임명되어 한양으로 올라가고, 손자 안도는 어른이 되었음을 확인하는 예절의식 관례를 올렸다. 선생은 서울 간 아들이 도리와 명분에 맞게 벼슬살이를 잘해 주기 바라는 마음에서, 여러 번 편지를 써 보내고 이리저리 소식을 들어보기도 하였다.

> 서울 도착한 뒤의 소식을 아직 알지 못하고 있다…. 은혜에 감사하고 윗자리에 있는 사람들에게 인사하는 일 등을 아무 탈 없이 치렀

는지 모르겠다. 모든 일을 자세히 묻고 살펴가면서 처리하여 남들의 웃음을 사지 않도록 하여라.

제용감은 일도 많고 사건도 쉽게 생긴다는 것을 모르는 바 아니다. 그러나 네가 벼슬을 받은 것만도 미안스러운 일이었는데, 겨우 한 달도 채우지 못하고 자기 생각만을 하여 바꾸려 한다면 사람들이 무어라 할지 심히 두려운 일이다. 대저 모든 일이란 하늘이 아니하는 것이 없으니, 어찌 하늘이 하는 대로 기다리지 못하고 자기 편하고 좋은 대로 골라 가짐으로써 남들이 무어라 하는지는 돌아보지 않아도 되겠느냐?

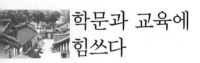

학문과 교육에
힘쓰다

이 무렵 조정에서는 여러 신하들이 이황을 한양으로 올라오게 하여 그 원만한 학문과 고상한 덕행을 펼 수 있게 해주면 온나라의 선비들로 하여금 참다운 선비의 기풍을 갖추게 할 수 있을 것이라는 의견을 임금에게 올리곤 하였다. 5월이 되자, 임금으로부터 '안심하고 몸조리 잘하여 언제든지 좋으니 올라 오라'는 내용의 명령과 함께 음식물이 내려왔다.

6월 13일에 이웃하여 살면서 의지하고 존경하며 따랐던 이현보 선생께서 세상을 떠나자 시 두 수를 지어 올리면서 슬피 울었다.

여름이 깊어질 때에 아들 준이 경주로 벼슬자리를 옮겨서 태조 이성계의 초상화를 모셔 둔 집경전의 일을 맡게 되었다. 이 무렵 남쪽 여러 해안에는 왜구들이 자주 쳐들어 와 사람을 해치고 물품도 빼앗아 갔다. 생전에 이현보 선생도 왜구들의 세력 확대로 성 하나 정도는 빼앗길 염려가 있다고 걱정하였고 퇴계도 더 심해질 우려가 있음을 근심하였다. 그리하여 준에게 편지를 써서 "왜구들의 변란에 대해 미리 준비해서 언제든지 변란이 나면 태조의 초상화를 바닷가인 경주보다 안쪽 땅으로 잘 보호하여 옮길 태세를 갖추고 있어라"고 가르쳤다.

겨울이 되자, 손자 안도를 데리고 40년만에 다시 옛날 소년시절 글을 읽던 청량산에 들어갔다. 한 달 정도 시를 읊으며 마음공부를 하다가 동지 후 내려와 새해를 맞이하였다.

퇴계 선생은 비록 책임을 맡은 벼슬자리가 아닌 중추부에 소속된 처지였지만, 그것조차 미안한 마음이 자꾸만 일어나서 사양하는 글을 썼다. 임금은 임금에게 어려운 문제들이 생겼을 때에 해결책을 답하는 역할을 하는, 홍문관 부제학 자리를 맡아서 빨리 올라오라는 편지를 내려보냈다. 이번 부름은 좌의정 등 정승들이 임금에게 "이황의 사람됨이 퇴폐되어 가는 풍속을 붙들 수 있을 것입니다"라고 아뢰었기 때문에 이루어졌다. 이때 임금인 명종의 편지 내용은 다음과 같다.

경은 성품이 남보다 우뚝이 뛰어나게 맑고 깨끗하며 문장력은 세상에 드문데도 세상에 이름나기를 탐내지 않고 시골에 한가로이 살고 있다. 그 물러나기를 좋아하는 뜻이 더욱 존경스러워 서울로 다시 돌아올 날을 끊임없이 기다리고 있었다. 그러나 어진 사람을 찾는 나의 정성이 부족한 탓인지 조정에 벼슬하지 않으려 하니, 나의 마음이 매우 섭섭하다. 나에게 비록 높고 넓은 덕은 없지만 경은 어찌 깊은 산골에 숨어사는 것만을 좋아하는가. 빨리 올라와 벼슬자리로 나와 간절히 찾은 나의 마음에 따르도록 하라.

부제학 자리를 사양한다는 글을 두 번 거듭 올리자, 전처럼 중추부 첨지사로 있으면서 마음놓고 병을 잘 다스리라는 답이 내려왔다. 퇴계는 기뻐서 한문시 세 수를 지어 이때의 심정을 말한다.

내 요즈음 거듭 부르시는 명령을 입었는데, 하나는 첨지요 또 하나는 부제학이었다. 그러나 병이 심한 까닭에 두 차례나 사양하며 면제시켜 달라는 글을 올려서 빌었더니, 홍문관의 벼슬을 거두어 주는 명령이 내리었다. 뿐만 아니라 마음을 편안히 하여 한가한 곳에서 수양하라는 명령이 있었으므로 마음속으로 감격함을 이길 수 없었다.

그 동안 퇴계 선생은 주자의 문집인 『주자대전』 가운데 특히 학문적으로 중요한 내용이 담겨 있거나, 실생활에 꼭 필요한 가르침이 있다고 생각되는 편지들만 가려 뽑아서 『주자서절요』를 편집하고 있었다. 도학을 공부하는 사람에게는 『주자대전』이 참 좋지만, 그 분량이 너무 많고 커 그대로 읽는다면 오히려 주자가 가르친 뜻을 분명하게 이해하기 어렵기 때문에 시작했던 것이다. 이 해 여름에 편집이 완성되었다.

7월에는 돌아가신 이현보 선생의 생전 모습과 업적들을 간추려서 『농암선생행장聾巖先生行狀』을 지었다.

제자 친족들과 함께 산천을 찾아 시를 읊고 편지로 철학을 토론하는 동안 겨울을 맞이하면서, 선생이 살고 있는 예안 지방의 실제 풍습과 정황에 맞는 향약鄕約을 만들었다. 이 일은 당시 나라에서 희망했을 뿐만 아니라 이현보 선생의 뜻이기도 하였다. 향약이란 지방 고을이 자치적으로 서로 착한 일을 권하고, 악한 일을 못하게 하며 어려운 일을 돕

기 위해 필요한 내용들을 법령처럼 정해 놓고 서로 지키자고 약속한 것
이다. 우리 나라에는 중국 북송 때인 11세기에 만들어진 『여씨향약』이
주자에 의해 더 보완되어 『주자대전』에 실려 들어왔는데, 조선이 건국하
면서부터 조정에서는 그 중요성을 느끼고 있었다. 중종 때에는 조광조趙
光祖* 등의 의견으로 지방 수령들에게 고을마다 『여씨향약』을 인쇄해 나
눠주고 시행하였다. 따라서 퇴계 선생의 고향에도 『여씨향약』이 시행되
었지만, 그 고을의 고유 풍습과 백성들의 정서에 딱 들어맞지 않는 점도
있었다. 그래서 먼저 온계 마을 사람들 사이에서 계契 형태로 실험하면
서, 실정에 맞는 조목들을 찾아내어 『예안향약』을 만들었던 것이다. 착
한 일을 권하는 사항들은 하나하나 조목으로 만들기에 적합하지 않고,
현재대로도 부족하지 않으므로, 주로 잘못을 저질렀을 때에 어쩔 수 없
이 나무라거나 벌주기 위한 내용들을 조목조목 정리해 보충하였다. 그
리고 다음과 같이 머리말을 썼다.

......

선비된 사람은 반드시 가정에서 몸을 닦고 마을에서 두드러진 뒤에
야 부름을 받고 나라에 나아가게 되는 것이다. 왜 그런가 하면, 어
버이를 잘 모시고 형제가 서로 사랑하고 존경하며 일 처리에 속임이
없고 친구 사이에 믿음을 지키는 것이 사람의 도리에 있어서 큰 근본
인데 가정과 마을은 참으로 그것을 익히고 실행해 볼 수 있는 터전

* 조광조: 1482~1519, 조선 중기 정치가. 서울 출신으로 자는 효직孝直, 호는 정암靜庵, 시호는
  문정文正이다. 『정암집』이 있다.

이기 때문이다. 이제부터 우리 시골의 선비가 타고난 본성의 도리에 근본을 두고 나라의 가르침을 지키며 가정에 있어서나 마을에 있어서나 마땅히 지켜야 할 윤리에 최선을 다한다면, 그것이 바로 나라를 위하는 훌륭한 선비의 일일 것이다. 가난한 사람이나 출세한 사람이나 차별 없이 서로 힘이 되어 나가자……

차츰 큰 학자로서의 자리가 잡혀가면서 찾아오는 사람이 늘어나자, 예전에 급히 지었던 계상서당이 너무 좁게 느껴졌다. 오십칠 세 봄을 맞아 서당을 옮길 만한 터를 찾아 여기저기 다녀보다 그만 포기상태에 있었다. 그런데 금응훈 등 몇몇 제자들이 현재 도산서원이 있는 곳에 정사精舍를 지어 가르침을 받겠으니 허락해 달라고 거듭 청하였다. 처음에는 거절했으나 세 번 청하므로 허락하였다. 어느 날 홀로 그곳에 가보니, 뒤로는 기암절벽이 아닌 구릉 같은 산들이 잘 어울려 있고, 앞에는 낙동강이 멀리까지 펼쳐져 있어 가슴이 탁 트일 만큼 넓은 들을 이루고 있었다. 그곳이 참으로 마음에 들어 원대한 포부를 지닌 선비만이 가질 수 있는 끝없는 느낌을 감추지 못하고 한문시를 읊었다.

……
어찌 알았으랴.
백 년토록 숨어 닦을 터가
바로
평생토록 나물 캐고 고기 낚던
그 곁에 있을 줄이야.
……

그 뒤로도 몇 차례 더 가보고 그때의 마음을 한문시로 읊어 제자들
과 아들, 손자에게 보여준다.

퇴계 시냇가에 웅크려 깃들인지
빛살 같은 세월은 얼마나 흘렀던가.
추운 보금자리 여러 차례 옮겼으나
허술하기도 하여 바람에 쓰러지곤 하였네.
깊은 산 속 샘물과 돌 비록 아쉬워하지만
그 형세가 끝내 좁아 탈인지라
한숨 지으며 옮길 곳을 찾아
높고 낮은 곳 아니 다닌 데 없었는데
시내 남쪽에 도산陶山이란 곳 있어 가까이 숨었으니,
아름답고도 괴이쩍도다.
어제 우연스레 혼자서 나가 보고
오늘 아침 다함께 오고자 하였네.
이어진 봉우리들 구름 위로 오르고
산허리 끊어져 강가에 기대었고
푸른 강물은 섬 같은 들판을 거듭 에워싸고
멀리로 멧부리들 뭇 상투 늘어선 듯한데
아래로 한 골짜기 굽어살피니
바라고 바라던 묵은 빚 이제야 갚은 듯하네.
다소곳 앉아 있는 양쪽 메 사이로는
때맞은 아지랑이 그림 속 들어오는 듯

우거진 푸름에 안개 짙어 구름인 듯

어지러이 울긋불긋함은 비단 융단 말리는 듯

새 울어 아름다운 시 생각나고 샘물 고요해

산아래 물 있는 이치 눈에 어리니

마음 느긋이 아름다움 즐김에 족하여

이렇듯 갖추어진 대지에 감사하네.

나 이제 벼슬의 굴레 빠져나와

관복일랑 걸어둔 지 오랜데

숨어 닦음에 어찌 장소가 없으리.

땅값은 사고 팔기에 가볍고

거친 개암나무 덤불 속에 허물어진 옛터 있어서

옛 사람의 발자취 오늘도 타이르고 있기를

'어느 누가 이곳을 차지하였었는지

명예도 책망도 세월 속에 지워졌도다.'

서둘러 그려보나니

담장은 둥글게 둘러쌓고 창문은 깨끗하고 산뜻이

책과 그림은 선반과 시렁에 넘치고

꽃과 대나무는 느티나무 울타리 사이에 비치게

해와 달은 늦저녁을 깨우치고

몸과 마음은 지칠 만큼 부지런히

속으로 성실하여 세 가지 이로운 벗 바라며

바깥의 부러운 것들 지푸라기인 양 잊으니

이 음악은 흙피리와 대피리의 그 이름난 화음 같고

그 대장부의 어짊은 쓸모 없는 잡초가 아니로세.

님 위해 남몰래 노래 부르나니

태곳적 꾸밈없던 북소리로

장단 한 번 치는 것 빠뜨리지 마소서.

7월에는 『계몽전의啓蒙傳疑』를 완성하였다. 이 책은 중국 남송 때 주자
와 채원정蔡元定이 함께 지은 『역학계몽易學啓蒙』 가운데 설명이 더 필요하
거나 궁금한 부분을 가려 뽑아서 퇴계 선생이 풀어 밝힌 것이다. 『역학
계몽』은 『주역』의 밑바탕에 깔린 우주의 운행 변화에 대한 기본적 원리
와, 『주역』의 이치와 그것을 이용해 사물이 변화하는 기미를 점치는 순
서와 방법 등을, 특히 당시의 수학적 입장에서 풀어 설명한 것이다. 퇴
계 선생은 스무 살에 『주역』을 읽기 시작해 잠자고 밥 먹는 것도 잊고
그 공부에 깊이 빠져들어 건강을 해친 적이 있었다. 『주역』은 64개의 괘
卦와 그것을 설명하는 글귀들로 이루어졌는데, 이것을 연구하는 학문이
역학易學이다. 역학에는 두 가지가 있다. 책에 실린 글귀들이 의미하는
올바른 이치, 마땅한 이치를 밝혀내는 일을 의리역학義理易學이라 한다.
괘들이 이루어지기 위해 밑바탕이 된 수학적 원리 및 그 원리가 얽히고
설키며 만들어낸 모습들 풀이를 주로 하는 것이 상수역학象數易學이다. 선
생은 이때까지 많은 시간을 이 두 가지 역학에 쏟았다. '이理와 수數의 학
문은 넓고 미묘하며 얼키설키 뒤섞여 있어 그 핵심을 연구하기 쉽지 않
고 의심스러운 곳, 이해하기 어려운 곳이 많다. …특히 『역학계몽』의 내
용은 세상에 잘 알려지지 않는 것들이 많아서, 반드시 원래의 책과 맞
춰보고 따져 볼 필요가 있다'는 것을 느꼈다. 그 동안 생각하다가 맞아
떨어진 것이 있든지 옛글에서 증거를 찾게 되면, 그때그때 기록해 둔 것

이다. 이제 그것들을 정리해서 책으로 만든 것이다. 선생이 벼슬살이
할 때에도 많은 시간을 독서당에서 책을 읽으며 보낸 것이 크게 도움되
었을 것이다.

58세
1558년 무오戊午 명종 13년

한양 있을 때에 김득구에게 빌렸던 『참동계』를 읽으며 다시 한 해를
맞이하였다. 『참동계』는 여러 가지 암시하는 말들로 내단을 수련하는
원리와 방법을 설명해 놓은 책이다. 그 내용을 이해하기 어려워 주자가
해설을 붙이기도 하였다.

2월 어느 날, 스물세 살의 청년 이율곡이 계상서당에 찾아와 사흘 동
안 묵으며 도학에 관해 깊이 있게 묻고 배움을 청하였다. 이율곡은 천재
적 재주를 타고나 소년시절부터 사람의 본성과 양심을 갈고 닦는 도학
을 이때 이미 상당히 깊이 이해하고 있었다. 열여섯 살에 어머니를 잃은
뒤 열아홉 살에는 금강산에 들어가 빼어난 대자연과 산속 절 생활의 정
취와 불교 경전들에 담겨 있는 내면 세계를 맛보았다. 뒤에 스물두 살
에 성주 목사의 딸 노■씨 부인에게 장가 들어 처가인 성주에 왔다가 그
가 태어난 강릉 외가로 돌아가는 길이었다.

두 사람이 만나 서로 찾는 길이 같음을 느끼고 바로 마음이 통하였
다. 이율곡은 장인으로부터 전해 듣던 대로 자기가 지금 참다운 큰 학
자를 만났음을 깨달았다. 서른다섯 살이 더 많은 퇴계 선생은 자신이
지금 두려울 정도로 세상에 드문 천재 후배를 만나고 있음을 느꼈다.
이율곡은 도학수련에 관해 공자, 맹자의 가르침을 정통으로 이어받은

방법이 어떠한 것인가 알고 싶어 스스로 불교도 공부했음을 밝히고, 퇴계 선생이 강조하는 경敬 공부에 대해 질문하고 가르침을 구하였다. 선생은 학문의 목적이 명예와 이익을 구함에 있지 않고, 본성과 양심을 닦고 길러 자신의 인격 완성에 있다고 거듭 말하면서, 오랫동안 깊은 사색을 통해 얻은 마음속의 것들을 하나하나 친절히 일러주었다. 이때 서로 나눈 한문시는 다음과 같다.

시냇물 흘러가는 곳 공자님 사시던 그 강물 줄기요
봉우리 높이 솟은 곳 주자 선생 사시던 바로 그 산인데
하시고자 뜻 세우심은 경전 천 권이나 되시면서
살기 위해 지으신 것은 방 두어 칸뿐이로군요.
가슴 속 품으신 것은 비 갠 뒤의 달처럼 이 마음 열어주시고
말씀과 미소는 미친 파도 그쳐 주셨으니
어린 놈이 도道 듣기를 바란 것이
한나절 쉬실 시간 훔쳐 갔다 마소서.
　　─율곡

예로부터 이 배움을 세상 사람들
뜻밖이라거나 믿어지지 않는다 하고
이익이나 노려 경전을 팖음에 도는 날로 멀어져 갔건만
그대 홀로 할 수가 있어 깊이 그 뜻 와서 닿으니
사람으로 하여금 그 말 듣고
새 깨달음 일으키게 하는구려.
　　─퇴계

율곡은 강릉으로 돌아간 뒤에도 편지를 보내 가르침을 구하였고 선생은 편지와 함께 시를 써서 답하였다.

그러는 동안 『주자서절요』 서문도 쓰고 제자들과 주고받은 편지 가운데 중요한 것들을 가려 뽑아 『자성록』도 편찬하고, 용수사 승려 법련에게 도산에 서당 지을 일을 부탁하였다. 법련은 선생에게 서당 지을 돈이 넉넉하지 않음을 알고도 그 일을 맡았다. 스스로 경주에 내려가 여러 가지 일들을 처리하려 하자, 선생이 무척 고맙게 생각하였다.

어느 날 마른 고기를 선물받자, 제자 생각이 나서 함께 모여 공부하는 조목, 이인중, 금문원에게 보낸다. 그러면서 음식을 담백하게 먹어야 한다는 깨우침을 지키는 그들에게 한번 계율을 깨뜨려 보라고 한다.

여름이 무르익을 무렵 임금께서 정승들의 청을 듣고 경상감사에게 퇴계를 한양으로 올려 보내도록 하였다. 감사에게 임금의 부르심을 전해 들은 선생은, ①어리석음을 숨기고 벼슬자리를 도둑질하거나 ②병으로 쓸모 없이 된 사람이 나라의 녹을 도둑질하거나 ③헛된 이름으로 세상을 속이거나 ④맡은 일을 처리하지 못하면서 물러나지 않는 것은 신하가 임금을 섬기는 도리에 크게 어긋나는 일인데, 자기가 바로 그러함으로 벼슬자리에 맞지 않는다는 이유를 들었다. 시골에 물러난 채 병이나 치료하고 더 이상 허물을 짓지 않도록 놓아달라고 사직소를 올렸던 것이다. 그러나 임금은 "내가 비록 사람을 얻어 정치다운 정치를 하려 하지만 …덕이 없고 사리에 어두우며 대단한 것이 없기 때문에 경이 도와 줄 뜻을 일으키지 않는 터인지라 매우 부끄럽노라"는 내용과 함께 그 부르는 뜻을 거두지 않았다. 손자 안도를 데리고 충주를 거쳐 700리 길을 9월 그믐에 한양 성 안으로 들어왔다. 얼마 후 명종 임금께서 다시 성균관 대사성 자리에 임명하고, 선생을 궁궐로 불러 담비털 남바위와 술을 내리면서 간곡히 부탁하였다.

> 학교는 사회 풍속과 사람을 가르쳐 착하게 변화시키는 일의 근원이 되는 곳임에도 불구하고 그 기운이 너무나 지치고 망가져 있으며 선비의 풍습은 바르게 길러야 마땅할 터임에도 불구하고 극도로 가볍게 들떠 있다. 이는 내가 어리석고 둔해서 잘 부추기고 가르치지 못한 탓도 있지만 교사나 책임자들에게도 달려 있는 것이 아니겠는가? 경은 글을 잘하고 청렴하며 부지런하고 조심스러워서 남을 가르쳐 깨우치는 자리에 합당하기에 이 자리를 맡기게 된 것이니, 나의 지극한 뜻을 따라서 정성껏 맡은 바를 다하여 학교를 떨쳐 일으키고 선비들의 풍습을 바로잡도록 하라.

겨울이 깊어 가면서 병이 심해지자, 다시 사직을 원하는 소를 올려 대사성 자리를 벗어났다. 그러나 이 해가 지나기 전에 임금이 손수 임명장을 써서 종2품 공조 참판벼슬을 내렸다. 계속 사양하였으나 허락받지 못하였다.

59세
1559년 기미己未 명종 14년

아들 준이 벼슬자리가 생겨 한양으로 올라가다 말에서 떨어졌다. 집으로 돌아가 치료중인 아들에게 몇 가지 약과 아기를 달래기 위해 엿을 사보내면서 쉰아홉 살을 맞이한다. 봄이 되자, 참판으로 벼슬자리가 올랐다. 휴가를 얻어 고향에 돌아와서 사당에 알리는 제사를 올렸다. 그러고 나서 병으로 조정에 되돌아가지 못하겠기에 사직소를 올렸다. 그러나 허락되지 않아 두 번이나 더 사직소를 올렸다. 임금이 신하를 보호하는 의미에서 공조참판 자리를 면제시키고, 종2품 벼슬인 중추부의 동지사同知事 자격을 내렸다.

퇴계 선생은 중국 고대로부터 송나라 때까지 성현들이 자신을 깨우치고 채찍질하기 위해 좌우명으로 삼았던 글들을 모아 책을 완성하고 『고경중마방』이라 이름붙였다. 그리고 때때로 서당을 짓는 도산 현장을 둘러보고 시도 읊으면서 전처럼 학자로서의 나날을 보냈다.

60세
1560년 경신庚申 명종 15년

정든 대자연과 마을 사람들 속에서 조용히 예순을 맞아 시 읊고 글 지으면서, 온계 마을 풍속을 바로잡기 위한 12조목의 마을 법령도 제정하였다. 가을에는 젊은 시절 성균관에서 같이 공부하면서 서로 존경하던 김인후가 세상을 떠났다. 이 소식을 받고 울었으며 9월에는 손자 안도를 혼인시켰다.

겨울로 접어든 11월에 마침내 도산서당이 뒤로는 산을 등지고 앞으로는 강물을 굽어보며 방 두 개와 마루 하나의 아담한 모습을 드러냈다. 이때부터 선생은 '도산 늙은이'라는 뜻으로 '도옹陶翁, 도산진일陶山眞逸, 도산병일수陶山病逸叟' 등의 호를 쓴다.

이 무렵부터 조선 유학사에 큰 의미가 있는 선생과 고봉 기대승의 학문적 토론이 주고받는 편지를 통하여 시작된다. 토론의 내용을 간추리면 다음과 같다.

지난 성현들의 책을 보면, 사람에게는 ①불쌍한 것을 측은해 하고 ②이로운 것도 사양하고 ③올바르지 못한 것을 부끄러워하거나 싫어하고 ④옳고 그름을 가려내는 등 도덕적 본성의 실마리가 되는 네 가지 마음이 있고, ①기뻐하고 ②노하고 ③슬퍼하고 ④즐거워하고 ⑤아쉬워하고 ⑥미워하고 ⑦욕심부리는 등 때로는 선하기도 하고 때로는 악하기도 한 일곱 감정이 있다는 것을 알 수 있다. 그런데 이 두 가지를 학문적으로 어떻게 정리할 것인가가 문제이다. 두 가지 심리적 현상은 그것이 이루어지게 된 근원이 같은가 다른가? 우주의 근원 곧 사람의 본성에 직접 근원을 두고, 이기적인 비틀림이나 장애를 받지 않고 드러나는 것과, 개인적인 감정에 직접 근원을 두고서 이기적인 오염을 받게 되는 것을 구별할 수 있느냐 없느냐? 두 가지의 작용이나 가치가 같은가 다른가? 그 이유는 무엇인가?

이 문제를 둘러싸고 다시 깊고도 복잡한 철학적 토론이 여러 해 동안 계속된다. 선생은 끝까지 겸손한 태도를 잃지 않고 마음을 비워서 26년이나 차이나는 제자 기대승의 의견 가운데 옳다고 인정되는 것은 서슴없이 받아들여 자기의 의견을 고치곤 한다. 그러면서도 도덕사회를 실현하려는 뜨거운 이상, 냉철한 이론과 뚜렷한 가치관 아래에서 평생 공부해 몸에 밴 차원 높은 역학易學적 안목과 사고방식으로 자신의 견해를 설명한다. 그리고 기대승의 의견을 검토하고 이끌어가면서 기대승이 좀더 마음의 문을 열어주기를 바란다.

이 토론은 조선 성리학을 크게 발전시켰을 뿐만 아니라 그 토론 과정에서 보여준 퇴계 선생의 학문적 탐구의 태도는 오늘날까지도 참다운 학자들이 받들어 본받는 모범으로 남아 있다.

61세
1561년 신우辛酉 명종 16년

환갑의 나이를 맞았다. 이제는 제자들도 상당히 많아져 편지로 묻고 답할 뿐 아니라 직접 찾아오는 사람도 점점 늘어갔다. 조카, 손자, 찾아오는 제자들과 도산서당 건축 현장을 둘러보고, 시를 읊으며 대자연의 소리를 함께 듣고 학문을 다짐하며 성인의 길을 한 발 한 발 밟아 나가는 것이 즐거움이었다.

서당 서쪽에는 학생들이 묵고 공부할 집을 따로 짓고 있었다. 서당 동쪽 옆에는 화단을 만들어 소나무, 대나무, 매화, 국화를 심고 연못을 파기도 하였다. 그러는 동안에 거처할 방이 완성되자 책들을 옮겨놓고 때때로 그곳에서 밤을 지내곤 하였다.

가을 어느 날, 그곳에서 자다 밤에 일어나 글을 읽고 다시 깊은 생각에 잠겼었다. 밤 경치는 마치 신선세계 같고 스스로는 바야흐로 평생 동안 희망하던 학자의 생활을 제대로 할 수 있게 되었다. 그 무엇이라 말하기 어려운 감정이 가슴 벅차게 밀려오고, 멀리 영원한 시간과 공간 속으로 울려퍼지기도 함을 어쩔 수 없어서 한문시를 읊는다.

텅 빈 산 속 방 하나 고요한데

밤 기운 차가워서 서리 짙게 내리는 속에

홀로 베개 베었으나 잠이 아니 와서 일어나 앉아

옷깃을 바루고는 약해진 시력으로 잔 글자 보느라

짧은 등불 번거로이 돋우니 글 속에 참맛 들어 있어

살찌고 배부름이 귀한 요리보다 낫구나.

공중에는 반쪽 달 걸려 있고 낮인가 놀란 새는 지저귀며

연못 바닥에는 달그림자 드리우니 가서 손으로 건지고만 싶고

서쪽 정사精舍에는 발자취도 없이 고요한데

숨어사는 이 신선 놀이 꿈꾸다가

시구 이루어지자 불러 서로 화답하니

깊고도 멀리 울리는 소리 귓가에 들리는 듯…

마침내 3년의 공사기간을 거쳐 도산서당 전체가 마치 환갑 선물처럼 완성되었다. 선생이 거처할 방은 완락재玩樂齋, 제자들을 가르칠 마루는 암서헌巖棲軒, 제자들이 거처할 집은 농운정사隴雲精舍라 이름붙였다.

이때부터 참다운 학문을 배우려는 사람들이 사방에서 짐을 싸가지고 더 많이 찾아왔다. 퇴계 선생도 마음이 더 안정된 상태에서 가르칠 수 있게 되었다. 제자들에게 자신이 편찬한 『주자서절요朱子書節要』를 강의하면서 밤이 제일 길고 낮이 제일 짧아지는 동짓날을 맞이하였다. 그러자 이제부터 새로이 자라날 따뜻한 봄기운을 이미 느꼈음인지, 퇴계 선생은 도산서당과 농운정사가 세워진 위치를 둘러싸고 있는 산봉우리의 우뚝 솟음, 이어져 내려온 산맥의 흐름, 강물과 시냇물의 굽이쳐 흐

름, 그 사이에 펼쳐진 들판과 모래밭 등 대자연의 아름다움을 뛰어난 문장력으로 그려냈다. 또한 5년 동안 건축이 완성될 때까지 과정들을 기록하고 집과 방과 주변 여러 장소에 붙인 이름에 담긴 뜻을 기록으로 남기고자 『도산기陶山記』를 썼다.

62세
1562년 임술壬戌 명종 17년

도산서당에 자리를 잡은 뒤 정말 마음이 흡족한 생활을 한다. 농운정사 제자들과 때때로 찾아오는 제자들과 대자연을 두고 서로 운을 맞추어 시를 읊는다. 우주의 진리와 사람의 본성과 양심에 이르기까지 깊은 이론과 실천 방법들을 가르치고 토론한다. 또 점점 많아진 학문적 내용의 편지들에게 폭 넓고 깊이 있는 답장을 보내면서 스스로의 저술도 꾸준히 한다. 그런가 하면 일상 사회생활에서는 정성과 공경함을 다해 예절과 도리를 다한다. 1백 리 바깥 예천에 살고 계신 누님을 찾아뵙고 문안 드리고 외조부, 장인, 장조부의 묘소를 찾아 술잔을 올리고 절하였다.

63세
1563년 계해癸亥 명종 18년

이렇게 예순세 살을 맞은 어느 봄날, 일찍이 선생의 풍기군수 시절부터 선생을 따르던 황준량이, 성주 목사 벼슬자리를 사직하고 돌아오다 병으로 세상을 떠났다는 소식을 듣고 슬피 울었다. 황준량은 일찍부터 문장이 뛰어나서 세상에 이름이 드러났다. 뒤에 도학에 뜻이 있어 여러 번 퇴계 선생에게 의심나는 것을 묻고 가르침을 청해 서로 주고받은 편지가 매우 많았으며 계상서당에도 몇 번 찾아왔었다. 선생이 참 아끼던 제자였다. 슬픈 소식을 듣고 시를 지어 그 영혼을 위로하였다. 장례 때 제문을 지어 보내 그 일생을 글로 남겨주었다.

> 남보다 빼어난 문장에 세속 벗어난 자태였는데
> 하늘은 어찌하여 이렇듯 남다른 운명을 주었던가?
> 벼슬살이는 정녕 물고기가 나무 오르는 나날이요
> 권세는 오히려 봉황새 가시덤불에 걸린 때 같아서
> 헐뜯음 산언덕 이루고 뭇 아첨소리 바람에 나부끼건만
> 집에는 가난 견딜 쌀독이 없었네.
> 그대 같은 늘그막 절개 더욱 존경스러우니
> 마음 서로 같은 이 뒤에 남아 혼자만 알 뿐이로세.

선생은 겨울이 올 때쯤 『송계원명이학통록宋季元明理學通錄』이라는 책을 완성하였다. 이 책은 중국 남송의 주자부터 시작해서 명나라의 주자 제자들과 기타 성리학자들의 생애와 학문내용을 간추려 놓은 철학사에 관한 책이다. 이와 같은 작업은 중국에서도 이루지 못하고 있었다.

64세
1564년 갑자甲子 명종 19년

선생은 조광조의 생애를 기록하는 글을 썼고 조남명의 편지에 더 답

하였다. 서경덕의 마음 바탕과 작용에 관한 이론을 보고 잘된 점과 부족한 점을 가려내 다시 설명하는 글을 쓰기도 하였다.

철학적으로 어렵고 복잡한 내용의 편지를 쓸 일이 점점 많아졌다. 선생은 조금도 귀찮아하지 않고 가슴을 활짝 열고 정성과 공경함을 다해 썼다.

65세
1565년 을축乙丑 명종 20년, 문정왕후 죽고 윤원형의 관직이 삭탈됨

4월에 임금에게 중추부 동지사의 벼슬을 풀어달라는 글을 올렸다. 임금이 "내가 여러 해 동안 이 자리를 비워놓고 경을 기다렸건만 기어이 물러나는 것은 어진 사람을 대우하는 나의 정성이 모자라기 때문이겠다. 경의 뜻이 이미 깊고 간절하므로 청하는 대로 따르겠다"는 답과 함께 사직을 허락하면서 경상도 감영에서 음식을 보내도록 하였다.

선생은 임금의 은혜에 감사하는 시를 읊었다. 이때부터 '진성 성을 가진 시골 늙은이[眞城野老]'라는 호를 쓰면서, 도산서당 선생 방에 깨우침을 일깨우는 글귀들을 써붙이고 제자들에게 『논어』, 『역학계몽』과 『전의』, 『심경』 등을 가르친다.

그러나 한 해가 저물어가는 12월에, 임금이 다시 중추부 동지사 자리를 맡으라는 뜻과 함께, "내가 눈과 귀가 밝지 못하고 어진 이를 좋아하는 정성이 모자란 탓인지 전부터 여러 번 경을 불렀으나, 경은 그때마다 늙고 병들었다고 사양하니 나의 마음이 편하지 못하였다. 경은 나의 지극한 속마음을 알아서 빨리 올라오라"는 특별명령을 내리며 나라에서 관리하는 역마驛馬를 탈 수 있는 권한을 허락하였다. 이때의 실록

을 기록하던 신하는 다음과 같은 의견을 말하였다.

이황은 타고난 바탕이 순수하고 학문이 깊고 밝아서 성현의 글을 깊이 연구하여 하늘과 사람의 진리에 통달하였다. 그가 그렇게 스스로를 길러 키운 바가 깊었기 때문에 세상이 그를 시험해 볼 때에는 청렴과 결백을 지키고 올바르지 못한 일을 행하지 않았다. 사람들이 모두 그의 행동과 모습을 우러러보았으나 그는 빠른 물결처럼 어지러운 세상살이 속에서 용감히 물러나 수풀 속에 한가로이 지냈으되 또한 집안 일로 그 마음을 더럽히지 않았다. 마음을 가라앉혀 오직 학문에 힘씀이 미치지 못할까 두려워하는 듯하였을 뿐, 참다운 지식과 부지런한 실천이 날로 쌓여 나이가 많아질수록 덕이 더욱 높아졌으니, 한 세대의 어진 스승이라 부를 만하다.

그런 그가 불러도 오지 않았거나 왔어도 머물지 않았던 것은 임금께서 어진 사람을 대우하는 성의가 부족했던 때문일 것이다.

지난 무오년(선생 나이 58세) 사이에 여러 번 임금의 부름이 있었을 때에 이황이 다섯 가지 이유를 들어 사양했으나 임금께서는 그를 잘못이라 하시면서 엄한 명령을 내렸으므로 그가 어쩔 수 없이 나왔던 것이다. 그래서 사람들은 모두 그가 중요한 벼슬자리를 맡을 것이라고 했는데도 불구하고 끝내 그런 명령이 내렸다는 말이 들리지 않았던 것이다.

이황이 비록 그가 배우고 익힌 바를 한 번 임금에게 말하여 올리고자 할지라도 임금께서는 아홉 겹 궁궐 속에 깊이 앉아서 한 번도 불러보지 않는 데야 어찌할 것인가? 나중에 정유길鄭惟吉이 이황을 마음에 점찍어 두고 성균관 동지사 자리를 사직하면서 '확실한 적임자가 있다'고 하였으나 임금은 또 이를 따르지 않았다.

이와 같은데, 임금의 덕이 이루어지고 선비의 풍조가 나아가 떨쳐지기를 바란다는 것은 어려운 일이 아니겠는가? 어진 사람이라고 불러놓고 어질지 않은 사람으로 대우하니, 이것이 이황으로 하여금 죽을 때까지 조정에 나오지 않게 만든 이유일 것이다.

66세
1566년 병인丙寅 명종 21년

새해를 맞이하여 한양 성균관에 유학하고 있는 손자 안도에게 "참으로 극진하게 행동을 조심해서 하라"고 타이르는 편지를 보냈다. 또한 성현들 사이에 마음에서 마음으로 전해 내려온 가르침의 핵심을 간추려 병풍을 만들 수 있도록 손수 써서, 병명屏銘이라 제목을 붙여 제자 김성일에게 주었다. 한편, 농운정사에 머물던 제자들을 집으로 다 돌려보내고 임금에게 명령을 거두어 달라는 두 번째 사직소를 올렸다.

그러나 임금으로부터 허락이 내리지 않자, 할 수 없이 추운 날씨가 여전한 정월 하순에 한양으로 길을 떠난다. 서북쪽으로 70여 리 올라가서 영주에 도착하자, 병이 심해져 더 올라가지 못하고 사면시켜 달라는 청을 올린 뒤에 며칠 동안 머물렀다. 그래도 허락이 없자 다시 풍죽령 아래 풍기까지 올라가서 기다리는데, 임금으로부터 "병을 다스려 가면서 천천히 서울로 올라오되 돌아가는 것은 허락하지 않는다"는 뜻의 편지가 내려 왔다. 임금은 또한 궁궐에 있는 의사를 보내 진찰하게 하고 약도 보내 주었으므로 퇴계 선생은 몸둘 바를 몰랐다.

한양까지 거리는 더 멀지만 길은 좀 덜 험난한 문경 새재쪽으로 올라가기 위해 예천에 다다랐으나, 더욱 몸이 아파져 동지사 자리를 면제시켜 달라는 세 번째 사직소를 올렸다. 그러나 오히려 벼슬을 올려서 정2품 공조ㅍ 판서 자리와 예문관 제학을 겸하라는 명령이 내려왔다.

물러나기를 구하다가 오히려 나오라는 명령을 받게 되자, 선생은 힘을 다해 사양해 허락받는 것이 도리에 마땅하다고 생각하였다. 그러자면 허락받을 때까지 여러 날이 걸릴 터이므로, 객지인 예천에 머물기는 불편한 점이 있었다. 길을 되돌려 안동부의 서쪽 학가산에 있는 광흥사를 찾아가서 절 동쪽 정자에 짐을 풀었다.

3월 초하루에 공조 판서의 명을 거두어 달라는 첫 번째 상소문을 올리고, 여드레 날 천등산 봉정사로 옮겨갔다. 봉정사로 돌아오는 길에는 공조 판서의 행차인지라 관청에 폐를 끼칠 우려가 있어서 안동부사, 안동판관, 풍산현감 등에게 "마중 나오지 말라"고 미리 일렀다. 그러고도 지름길을 택해 남 모르게 들어가서 병을 다스리자, 아들 준이 봉정사에 와서 병간호하고자 하였다. 그러나 선생은 아들도 관리이므로 공무를 저버리고 개인 일을 볼 수 없다는 이유로 오지 못하게 하였으며 관청 노비 또한 들여보내지 못하게 하였다.

공조 판서를 면해달라고 지난 번에 올린 첫 번째 사직소의 허락이 거절되었다. 대신 마음놓고 병을 잘 다스리면서 한양으로 올라오라는 뜻의 편지가 왔다. 선생은 바로 다음날 두 번째 사직소를 올리고 며칠 뒤에 예안으로 돌아왔다.

돌아와 있는 동안 한양 궁궐에서는 명종 임금이 대신들의 추천을 받아 선생을 학문적인 일을 주관하는 홍문관 대제학, 예문관 대제학, 성균관 지사, 경연 지사, 춘추관 지사 자리를 함께 맡으라는 명을 내렸다.

그러나 선생이 좀처럼 올라올 의사가 없음을 느끼고 다시 의논해 책임 맡을 일이 없는 중추부 지사 벼슬로 옮겨 있으라는 명령과 함께 병이 낫는 대로 올라오라는 지시를 내렸다. 이때의 실록을 기록하던 신하는 다음과 같은 의견을 말하였다.

……

이황이 중추부 동지사로 조정에 이름이 올라 있으면서도 스스로 물러나 한가하게 살고 있는 지가 거의 10년이 지났을 뿐만 아니라 지난해에는 문정왕후께서 돌아가셨는데도 달려 올라올 수 없었던 까닭으로 그 맡은 자리를 면해 달라고 빌어 임금의 허락을 받았던 것이다. 그런데 겨우 반년도 지나지 않아서 두어 달 간격으로 높은 벼슬과 무거운 책임을 지는 자리로 거듭 승진시켰으니, 이것이 이황으로 하여금 나아오기 어렵게 한 첫째 이유이다.

……

어쨌든 선생은 여름 내내 고향에 있으면서 도산서당과 계상서당에 가 있으며 손자와 제자들을 가르치고, 이미 써놓은 책 내용 중 잘못된 곳을 찾아 바로잡으면서 먼 곳에 사는 제자에게 편지를 쓰기도 하였다. 가을이 다가올 무렵 다시 사직소를 올렸으나 역시 허락되지 못하고 병이 낫거든 올라오라는 명령이 내려왔다.

명종 임금은 선생을 기다리는 뜻이 간절하여 독서당의 선비들에게 "어진 사람을 불러도 오지 않음을 한숨짓는다"는 제목으로 시를 짓게 하는 한편 송인宋寅이라는 신하에게 도산 풍경을 그리게 한 뒤, 다시 그

위에 퇴계 선생이 쓴 『도산기』와 『도산잡영』을 써넣은 병풍을 만들어 옆에 두고 보았다.

하늘 높고 날씨 서늘하여 공부하기 좋은 가을이 되었다. 선생은 그동안 가장 중요한 책 가운데 하나로 인정하면서 읽고 가르쳐 왔던 『심경』에 대해 그것을 얻어 읽게 된 내력과 그 내용의 훌륭한 점을 설명한 뒤에, 『소학』과 함께 그 책을 신명처럼 존경하고 어버이처럼 받들고 있음을 밝히는 글을 썼다. 그리고 주자 이후 중국의 몇몇 대학자들의 글에 대해 철학적으로 논평하는 글들을 쓰기도 하였다.

겨울이 짙어질 때에는 손자 안도를 데리고 용수사龍壽寺를 찾아가서 옛 일들을 되새기며 좋은 벗들을 사귀라고 일러주었다. 용수사는 선생의 부친이 글을 읽었고 선생도 어린 시절 글을 읽던 절이다. 이때 손자에게 다음과 같은 한문시를 지어준다.

소년 시절 용수사를 우리 집 글 다락 삼아
몇 번인가 관솔불로 등잔 기름 대신하면서
어버이 가르치심 잊지 않고 날마다 경계로 삼았었다.
진리의 근원 여전히 아득하여 아직도 찾으면서
늙은이 정에 이끌려 바라노니
네가 이 조상들의 혜택 이어받아
바른말하는 좋은 친구들과
더욱 멀고 큰 것을 꾀하여 보아라.
문 걸어 잠근 산 속에 구름만 일고
사람 소리 적적할 때 그 때가 바로

다가오는 한 마디 광음이라도

함께 아껴야 할 때이노라.

67세

1567년 정묘丁卯 명종 22년

정월에 기대승으로부터 편지가 왔는데, 관서지방의 중화군에서 『용학석의庸學釋義』와 『어록석의語錄釋義』라는 이름으로 책을 출판할 목판을 만들면서 그곳에 퇴계가 말한 것이라고 새겨 놓았다는 것이다. 퇴계 선생은 깜짝 놀라서 기대승에게 답장하기를 "그대가 관서지방으로 부임해가게 되었으니 직접 살펴보고 한 곳에 모아 태워버리도록 하여 달라"고 부탁하였다. 뒤에 그 잘못 새겨진 목판 자체를 태웠다는 소식을 듣고 시를 읊으며 기뻐하였다.

2월에 명나라에서 오는 사신을 맞게 되자 조정에서는 나라에서 제일가는 학자로 하여금 응접해야겠다고 판단하고 퇴계를 불러 올려야 한다고 임금에게 청하였다.

이 무렵 선생은 세상 사람들이 혼례시 지나치게 사치하고 권위와 세도를 휘두르고 있음을 한탄하고 있었다. 마침 손녀가 혼인을 하게 되자, 옛 혼례제도를 간단하고 소박하게 정리해 그에 따르도록 하였다.

한양으로 올라와서 명나라 사신을 맞으라는 임금의 부름이 내려왔다. 그러나 선생은 도산서당에 가서 또 한 번의 이른 봄을 알리는 매화를 감상하며 시를 읊는 등 자연 속에 묻혀 있었다. 5월에 다시 빨리 올라오라는 임금의 명령이 내려왔다.

어쩔 수 없이 영주, 죽령, 단양, 충주를 거쳐 10여 일만에 한양성 안으로 들어왔으나, 명종 임금도 병환중에 있다 하고 선생도 먼 길에 병이 덧나 있었기 때문에 곧바로 임금을 찾아뵙지 못하고 있었다. 경과하는 사이에 임금이 세상을 떠났다. 국상에 맞는 옷과 두건을 갖추어 입고 대궐로 나아가 곡하며 절하였다. 그런 뒤에 명나라 사신을 맞아 그들의 글에 답하는 글을 지었다. 또한 조선의 학문 수준이 어느 정도인가 하는 질문을 받고, 고대 삼국시대로부터 당시까지 우리나라 유학을 소개하는 한편, 돌아가신 명종 대왕의 생애와 업적을 기리는 글을 지었다.

새 임금 선조가 자리에 오르고 나서 역시 정2품 벼슬인 예조 판서와 경연, 춘추관의 동지사 자리를 함께 맡으라는 명을 내렸다. 곧바로 사양하는 글을 올렸으나 허락되지 않았다.

8월에 세 번째로 "신은 나이가 70에 가깝고 백 가지 병이 몸을 칭칭 감고 있어서 언제 죽을지 모르옵니다. …엎드려 바라옵건대, 임금님께서는 신의 죽음에 가까운 생명을 어여삐 여기시고 저의 도리에 맞게 처신하려는 뜻을 살피시어 저로 하여금 벼슬자리를 그만두고 고향으로 돌아가 죽을 수 있게 허락하여 주시옵소서" 하는 내용의 글을 올렸다.

그리고 돌아가신 명종의 장례도 마치지 않고 고향으로 돌아와 버렸다. 이 일을 두고 많은 사람들이 퇴계 선생이 잘못한 것이 아닌가 의심하였다. 선생이 스스로 밝힌, 그렇게 할 수밖에 없었던 이유를 간추리면 다음과 같다.

①앞 임금 때에도 이미 병이 심하여 나랏일을 제대로 못 처리하면서도 높은 벼슬자리에서 녹을 받는 것이 도리에 어긋났기 때문에 여러 차례 사양하면서 물러나 있었다.

② 지금도 역시 마찬가지로 병이 깊고 어리석어 나랏일을 맡을 능력이 모자란다. 이름이 낮으나 그것은 진실과 다르게 이루어져 있는 것일 뿐이고, 임금의 은혜로운 명령을 입었으나 그 명령이 올바른 이치에 맞지 않는 것이다.

③ 돌아가신 명종께서 높이 알아주셨던 은정을 입고 있었으므로 그 장례가 끝날 때까지는 떠날 수 없는 참지 못할 정이 있는 것은 사실이다. 그러나 그러다가는 다시 마땅하지 못한 벼슬자리를 차지하고 나라의 녹만 축내지 않을 수 없는 처지에 있었다. 앞의 사정은 인정의 문제이고 뒤의 사정은 올바른 도리의 문제이므로 뒤의 사정에 따라 결정을 내릴 수밖에 없었다.

④ 새 임금께서 새 정치를 시작하는 때이므로 앞 시대에 이루어졌던 흠집들은 다 털어버리고 출발하여야 좋다.

새 임금 선조는 큰 학자인 이황을 경연에 두고 그로부터 배우면 성인 정치를 펴는데 많은 도움이 있을 것이란 말을 받아들였다. 그래서 예조 판서는 그만두더라도 계속 경연 춘추관 동지사로서 옆에 와 있으며 가르쳐 달라는 명령을 내렸다. 내용은 다음과 같다.

나라가 잘 다스려지느냐 못 다스려지느냐 하는 것은 임금의 덕에 달려 있다. 그리고 임금의 덕이 이루어지는 것은 어진 사람을 존경하고 학문을 찾아 구하는 데 있다. 부지런히 경연에 나가서 날마다 어진 선비를 만나 보아야만 마음과 지혜가 높고 밝아질 것이다. 뿐만 아니라 그 가르치는 사람이 어진 사람인지 간사한 사람인지도 알 수 있게 될 것이다. 그럼에도 불구하고 마땅히 경연에 들어와서 나를 가르쳐야 할 사람이 멀리 있으니, 크게 잘못 되었지 않은가? 가까이 와서 나를 가르치는 자리인 경연을 맡아보는 것이 옳을 것이다.

내가 처음 임금자리에 올라 어쩔 줄 모르는 사이에 경이 내려갔으므로 미처 살피지 못하였었지만, 이제 새로운 정치를 시작하려고 하니, 그 동안 뜻을 펴지 못하던 사람들을 모두 일으켜 세워 뜻을 펴도록 하여야 할 형편이다. 하물며 경 같은 어진 재상이야 말할 필요가 있겠는가. 나라에서 운영하는 역마를 타고 빨리 올라 오라.

이로부터 또다시 선조 임금은 벼슬을 내려 부르고 선생은 사양하면서 면제시켜 달라는 글을 올리는 일이 거듭되었다. 선생이 사양하면 할수록 선조는 더 높은 자리를 맡기곤 하였다.

68세
1568년 무진戊辰 선조 1년

정월이 되자, 벼슬을 한 단계 더 높여서 종1품인 의정부 우찬성 자리를 맡아 올라오라는 임금의 부름이 내려왔다. 이 무렵 퇴계 선생의 벼슬을 사양하는 상소를 받아 본 임금은 직접 붓을 들어 답하는 편지를 썼다.

경이 올린 글을 보니 겸양하는 것이 지나치다. 경이 여러 대를 내려오는 옛 신하로서 덕행이 높고 학문이 크고 바르다는 것은 시골사람들도 다 알고 나도 들은 지가 오래 되었으며… 대비께서도 알고 계신다. 옛날의 어진 임금들은 비록 스스로 지혜가 밝고 성인의 자질을 지니고 있었을지라도 반드시 어진 사람을 찾아서 스승으로 삼았는데, 하물며 나는 어려서부터 엄한 스승의 가르침을 받지도 못하였을 뿐만 아니라 엄청난 나랏일을 갑자기 이어받았으니, 대비께서도 '이황과 같은 이가 있으면 좋겠다'고 말씀하실 정도이다. 이와 같은 데도 경이 올라오기를 싫어한다면, 경의 생각이 좀 부족한 것이 아니겠는가? …내가 경을 바라는 것은 마치 북두성을 찾는 것과 같으니, 너무 그렇게 나아가고 물러남에 마땅한 의리만 고집하지 말고 올라와서 병을 다스리며 조정에 머물러서 나의 어리석고 못난 자질을 도와주도록 하라.

제자들과 더불어 산천을 읊고 학문에 대한 질문을 받아 답하는 가운데 3월에 또 한 번 "신은 지난 해 10월부터 올해 2월 그믐에 이르기까지 무려 일곱 번이나 임금님의 부르심과 벼슬 내림을 받았습니다. 그러나 저의 보잘 것 없는 바를 가지고는 바라시는 바에 크게 부족해, 내리신 명령의 뜻에 보답하지 못할 것을 스스로 깊이 알고 있으므로, 그 때마다 곧바로 정성을 다해 벼슬자리를 거두어 주시기를 빌었습니다. …"라는 내용으로 사직을 원하는 소를 올린다. 4월에는 임금이 각 도의 감사들에게 수로나 육로를 통해 수레, 말, 배를 사용해 퇴계 선생이 편안히 한양으로 올라오도록 보호하라고 하였으나 역시 사양하기를 고집하였다. 5월에 임금은 존경의 뜻으로 높고 무거운 벼슬을 내린 것이 오히려, 퇴계 선생이 더 미안한 생각을 갖게 하였음을 알았다. '경을 표창하려는 것이 마침내 경을 막는 것이 되었을 뿐이었다'고 말하면서 같은 종

1품인 중추부 판사로 자리를 바꾸어 내리고는 선생이 올라오기를 기다렸다.

선조 임금이 끝내 사직을 허락하지 않자, 더 이상 기다릴 수 없어서, 6월 25일에 역시 손자 안도와 손자사위 박려의 보호를 받으며 한양길을 떠났다. 충주에서는 임금의 명으로 내려온 궁궐의 의원으로부터 진맥과 병 보살핌을 받고, 남한강을 배를 타고 흘러가서 광나루에 닿았다. 7월 24일에 임금에게 나아가서 절하고 그 동안 명령을 받들지 못한 죄를 벌하여 줄 것을 기다렸으나 임금은 "죄라 하지 마시오. 내가 경을 얻었음은 참으로 나라의 복이오"라고 말하면서 반갑게 맞이하였다.

한양에 와서도 몇 차례 벼슬자리를 사양하는 글이나 말씀을 올렸으나 임금은 허락하지 않고, 8월에 홍문관과 예문관 대제학과 경연, 춘추관, 성균관의 지사 자리를 겸하라고 명하였다. 그 뒤에 여섯 차례 사양하는 글을 올렸으나 허락되지 않다가 25일에 직접 임금을 찾아뵙고 굳이 사양하자 임금이 그렇게 하라고 하였다. 그러나 그 다음날 다시 홍문관과 예문관 대제학은 그만두고라도 중추부의 판사 벼슬로서 경연과 춘추관의 지사를 겸하라는 명을 내렸다.

이에 퇴계 선생은 7,400여 글자 6조목으로 된 유명한 「무진육조소戊辰六條疏」를 올린다. 그 내용은, ①선조는 명종의 친아들이 아니므로 특히 지난 임금들의 뜻을 잘 이어받고 계통을 존중하여 효도를 다하려고 노력할 것 ②아첨하는 말로 상대방을 헐뜯거나 이간시키는 사람들이 임금을 둘러싸고 있게 마련이므로 이들에게 말려들지 말 것. 그러기 위해서는 선조가 계통을 잇고 있는 양가養家, 곧 인종의 왕후 및 명종의 왕후와 태어난 생가生家를 친하게 하고 효도를 다하며 집안을 가지런하게 다스러야 한다는 것 ③성인聖人되는 학문을 두텁게 익히고 그것으로써 나라 정치의 근본을 세울 것 ④사회의 윤리 도덕을 밝혀서 인심을 바로잡되, 그 뜻을 굳건히 하여 간사하고 음흉한 무리들에게 지지 말 것 ⑤충성되고 어진 신하를 찾아서 중요한 벼슬자리를 맡기고 믿을 것 ⑥정성스런 마음으로 몸을 닦고 반성하여 궁중의 환관이나 궁녀들을 부리는 일에서부터 남쪽과 북쪽의 변방을 지키는 국방에 이르기까지 모든 다스림에 있어서 하늘의 감동을 받을 수 있도록 할 것 등이다.

사직소를 받은 선조는 손수 붓을 들어 "이 여섯 가지 조목은 참으로 천 년 역사에 변함 없는 격언일 뿐만 아니라 지금 급히 행할 마땅한 일이니… 내가 어찌 간직하고 지키지 아니하겠는가?"라고 답장을 썼다.

그러나 벼슬에서 물러나는 것만은 허락하지 않아서 다음 해 3월이 될 때까지 거듭 사직소를 올리는 한편으로 경연에 들어가서 임금을 깨우쳤다. 임금에게 흉년을 당하였으니 백성을 구할 대책을 세우고, 병적 정리 같은 백성을 괴롭힐 일을 명령하지 말며, 상줄 사람과 벌 줄 사람을 평등하고 분명하게 가려내도록 힘쓰라고 충언하면서 『논어』, 『주역』과 성현들의 좌우명들을 강의하였다. 또한 중종 때에 도의 정치를 세우고자 개혁하다가 억울하게 죽음을 당한 조광조의 누명을 벗겨주고 벼슬을 다시 내리는 것이, 이 나라의 선비의 기풍을 바로잡아 이름난 선비가 나올 수 있게 하는 길이라고 의견을 말하였다.

그러는 동안 퇴계 선생은 그가 일생 동안 익힌 학문의 핵심내용을 『성학십도』라는 열 폭의 그림과 설명으로 간추려, 선생의 나이 예순여덟인 무진년이 저물어가는 12월 16일에 임금에게 올렸다. 선생이 『성학십도』를 올리는 목적과 이유를 간추리면 다음과 같다.

도는 눈에 보이는 모습이 없으면서 넓고도 넓고 하늘은 말이 없어서 어디에서부터 손을 대어야 하고 어디를 통하여 들어가야 할 지 알기가 어렵다.

이러한 도를 본받고 하늘의 말을 들을 수 있는 배움을 성학聖學이라 하는데, 그에는 실마리가 있고 그 실마리로부터 시작하여 성학을 실천하는 마음가짐에는 요령이 없지 않다. 그 실마리와 요령을 학자들이 사명감을 가지고 그림으로 그리고 글로 풀어 설명하여 놓았다.

한편 임금의 마음은 나라 안의 모든 일이 이루어지게 되는 원인이요, 모든 책임이 모이는 곳이요, 뭇 탐욕스런 요구들이 서로 공격하고 뭇 간사하고 음흉함들이 번갈아 침범하는 곳이다. 따라서 일단 게으르거나 경솔하거나 하고 싶은 대로 하게 되면 산이 무너지거나 바다가 넘칠 때처럼 누구도 막을 수 없게 된다.

옛 훌륭했던 임금들은 이렇게 될까 걱정하여 날마다 날마다 조심하면서도 오히려 부족하게 여긴 나머지 여러 가지 제도를 마련하여 스스로를 깨우침으로써 그 마음을 지켜나가고 몸을 방어하여 나라의 모범이 되었다. 그래서 덕이 날로 새로워지고 업적이 날로 넓어지게 되어서 티끌 만한 허물도 짓지 않고 도리어 크고 넓은 명성을 남길 수 있었다.

그 뒤로 임금들은 스스로를 다스림이 옛 임금들에 못 미쳐서 그 무겁고 큰 책임을 다하지 못하였다. 그래서 충성스런 신하들이 정성을 다하여 그림과 글을 올려 임금들을 도에 맞도록 인도하고자 하였다. 저 이황은 여러 임금의 은혜를 입어 왔고, 이제 또 현 임금께 부르심을 받아 임금을 가르치는 무거운 책임을 맡았다. 그러니 현 임금께서 옛 성인 임금들과 같은 경지로 올라갈 수 있도록 이끌고 도와야 마 땅할 것이다. 그러나 「무진육조소」 등 성학을 깨우쳐 드리는 글월을 올렸으나 임금님으로 하여금 감동하여 마음을 일으키게 하지 못하였 고, 또한 직접 말로써 도움을 드려보았으나 말재주가 좋지 않아 별 도움이 된 것 같지 않았으며, 그 뒤로는 병이 끊임없어서 직접 임금 을 모시고 설명과 가르침을 드리지 못하는 형편에 이르렀다.

어쩌면 좋을지 몰라 궁리하여 보니, 옛 어질고 인격 높았던 분들이 그림과 설명을 통하여 성학을 밝히고 마음 갖는 요령을 드러내어 사 람들에게 도에 들어가는 문과 덕을 쌓는 기초를 보여준 것들이 있으 므로 그것을 이끌어 와서 임금에게 전해주는 것이 좋겠다는 생각에 이르렀다.

그리하여 많은 그림 가운데 가장 두드러진 것 일곱 개를 골라 얻고 다시 스스로 세 개를 그려 보태 모두 열 개의 그림을 그리고 그를 풀 어 설명하는 글과 뜻을 유명한 책 속에서 이끌어와서 간추려 정리하 였다. 또한 그림 밑에 이황 스스로의 생각도 붙여놓았다.

이것을 글씨 잘 쓰는 사람으로 하여금 베껴 쓰게 하여 병풍과 접는 책자로 만들어 일상생활하는 사이에 이를 보면서 깨우침을 받으신다 면 다행이겠다.

선조는 『성학십도』를 받아 보고, 병풍과 접는 책자로 만들어 올리라 고 명하였다.

이렇게 한 해가 지나는 동안 집안의 여러 친척들이 세상을 떠나서, 스스로 또는 아들과 손자들을 시켜서 상례를 예법에 맞게 치렀다. 손자와 종손자들의 학문을 격려하고 제자들과의 편지 문답과 시 읊기도 끊지 않았다. 그러나 고향에 돌아가고 싶은 생각이 너무 간절하여 청량산에 가서 노는 꿈을 꾸기도 하였다.

69세
1569년 기사己巳 선조 2년

정월이 되자, 고향의 계상서당 뜰에 손수 심었던 매화가지에 가득 꽃망울이 맺혔다는 소식을 듣고 한문시를 읊는다.

들으니 계상서당 작은 매화나무에
설을 앞두고 가지마다 꽃망울 가득하다네.
뒤늦은 꽃송이는 이 늙은이 돌아가도록
남을 수 있을 터이니
봄추위 입어 일찍 빛 잃지나 말아다오.

정월 초순에 이조 판서의 자리를 맡으라는 명을 받았으나 면제시켜달라고 비는 글을 세 차례 올려서 다시 중추부 판사가 되었다. 이어서 중추부 판사 자리도 면제시켜 줄 것을 비는 글을 거듭거듭 올렸으나 허락받지 못한 가운데, 역대 임금의 신위를 모셔 놓는 방위와 차례 등을 예절에 맞게 정하고 임금을 모시고 강의하였다.

2월 말에는 대궐문 밖에서 연거푸 글을 올려 시골로 돌아가게 해달라고 빌었다. 이 일로 도리어 조정에서 가장 높은 세 정승 벼슬에 해당하는 의정부 우찬성 자리를 맡으라는 명을 받게 되었다. 선생은 당황해 더욱 자주 힘주어 벼슬자리를 면제시키고 고향으로 돌려보내 달라고 비는 글을 올리다가 3월 초이틀부터 초삼일 이틀 동안은 연거푸 직접 임금을 찾아뵙고서 힘써 빌었다.

선생의 물러날 뜻이 굳어서 허락하지 않아도 그대로 내려가 버릴 염려가 있는 것을 보고, 대신들이 임금에게 그의 청을 받아들여 고향으로 돌아가게 허락해 주는 것이 좋겠다는 의견을 올렸다. 임금이 밤에 선생을 불러서 마지막으로 여러 가지를 묻고 가르침을 받았다. 이 자리에서 선생이 마지막으로 선조에게 올린 충성스런 말을 간추리면 다음과 같다.

지금 세상은 태평하다고 할 수 있습니다. 그러나 태평함이 너무 심하면 반드시 난리의 징조가 발생하기 마련일 뿐만 아니라 현실적으로도 남쪽 북쪽 모두에서 다른 나라와의 사이에 분쟁의 실마리가 이루어져 있음에도 불구하고 백성들은 살기에 쪼들리고 나라의 창고는 텅 비었사오니, 나라가 나라꼴을 갖추지 못하였습니다. 갑자기 사변이라도 생기면 흙담처럼 무너지고 덜 구운 기왓장처럼 부서질 형세가 없지 않아 걱정이니, 태평한 세상임을 믿지 말고 미리 방비하여야 합니다.

사람에게 남보다 뛰어난 자질이 있으면 혼자의 지혜로써 세상을 주무르며 남들을 가벼이 여기는 마음이 생길 염려가 있는데, 임금님도 자질이 아주 뛰어나서 여러 신하들의 재주나 지혜가 임금님의 뜻을 만족시키지 못하는 형세입니다. 따라서 임금님 혼자의 지혜로 세상을 주무르게 될 걱정이 없지 않습니다. 그러니 그 높은 지위를 너무 내세우지 말고 신하들과 함께 마음과 덕을 같이하려고 노력하여야 합니다.

그러하기 위해서는 성현들의 말을 따라 공부를 두텁게 하여서 사사로운 마음을 이겨내어야 하는데, 그렇게만 한다면 모든 염려가 스스로 스러져 없어질 것입니다. 이 공부를 위해서는 앞서 올린 『성학십도』를 깊이 생각하면서 부지런히 배우는 것이 큰 도움이 될 것입니다.

이는 늙고 보잘 것 없는 신하가 마지막으로 충성하려는 생각에서 올리는 정성입니다.

이에 선조는 『성학십도』 내용에 대해 몇 가지를 물었고 퇴계 선생은 간결하게 설명하였다. 그리고 한 가지 충언을 더 올렸다.

옛날부터 임금이 처음으로 정치를 시작할 때에는 어질고 바른 사람이 높이 쓰였기 때문에 정치가 바르게 시행되었으나, 한편 그러한 신하들은 임금의 허물과 잘못을 지적하고 따지는 말을 자주 올리기 때문에 마침내 임금에게 그들을 싫어하고 괴로운 존재로 여기는 마음이 생기게 합니다. 그러면 간사한 사람들이 그 틈을 타서 임금의 마음을 사로잡으면서 지극히 받들게 되고 임금은 '이 사람을 높여 쓰면 나의 하고자 하는 일이 뜻대로 되지 않음이 없을 것이다'라고 생각하게 됩니다. 이렇게 되면서부터 나랏일은 인격이 보잘 것 없고 사사로운 욕심이 앞서는 사람과 임금이 한 마음으로 되어 처리하게 되고 올바른 마음과 높은 인격을 가진 사람은 손 붙일 곳을 찾지 못하게 됩니다. 옛 역사가 이를 증명하려, 연산군 이래로 지난 임금님들 때에 어진 선비들이 화를 입은 여러 가지 사건들도 이를 말해 주고 있는 것입니다.

지금은 혁신하는 정치의 처음이므로 임금님께서 겸허하게 신하들이 지적하고 따지는 것을 모두 다 따르시니 큰 허물과 잘못이 없습니다. 그러나 날이 오래 지남에 따라 임금의 마음이 혹시라도 변하지 않을 보증은 없습니다. 만약 그렇게 되면 정의로운 무리와 간사한 무리가 서로 당을 만들어 나누어질 것인데, 간사한 무리가 반드시 이길 것입니다. 그래서 지금과 같은 처음의 정치와는 정반대 되는 일이 많이 일어날 것입니다.

임금님께서는 이러함을 큰 거울로 삼아 끝까지 착한 무리를 보호하시어 간사한 사람들이 모함하지 못하게 하신다면, 나라와 백성에게 큰 복이 될 것입니다.

이것이 제가 임금님을 깨우쳐 조심시키고 싶은 가장 큰 것입니다.

그 다음날 날이 밝자, 다시 선조를 찾아뵙고 고향으로 돌려보내 주어서 감사하다는 인사를 올리고 정오에 물러났다. 대궐에서 물러나자, 곧 손자 안도를 데리고 뚝섬에 있는 친구의 정자에서 쉬고 다음날 배로 한강을 건너 봉은사에서 묵었다.

장안의 모든 선비들이 선생의 떠남을 안타까워해 한강에 나와 섭섭한 눈물을 흘리고 시를 읊으며 잔을 올렸다. 선생도 시를 읊어 답하였다.

광나루, 양평, 충청도 중원을 거쳐 청풍에서 배를 타고 또다시 남한강을 거슬러 단양까지 온 다음 죽령을 넘어 12일 만에 옛집으로 돌아왔다. 도산서당에 가보니 전날 시로 읊었던 대로 매화도 아직 널 지고 남은 것이 있을 뿐만 아니라, 철쭉과 살구꽃이 한창 피어 티끌 속을 이리 뛰고 저리 뛰던 옛 주인을 위로하듯 맞아 주었다.

지난 해 말 휴가 왔던 차에 벼슬을 그만두고 학문을 닦는 조목이랑 여러 제자들과 편지와 시를 주고 받았으며, 가까이 사는 이덕홍은 술을 들고 도산으로 찾아와 매화 아래에서 마시며 시를 읊기도 하였다. 이 해에는 특히 기대승과 주고받은 편지가 많다.

비록 책임 맡은 일이 없는 중추부 판사 자리라도 벼슬임에는 틀림이 없으므로 퇴계 선생은 이것조차 사양하면서 면제시켜 달라고 비는 글을 지난 날 여러 번 올렸었다. 올해 4월에도 또 한 번, 먹을 음식 내려주시는 일을 그치시고 벼슬에서 물러남을 허락해 달라는 글을 임금에게 올렸으나 임금은 허락하지 않았다.

70세
1570년 경오庚年 선조 3년

선생의 연세는 예로부터 드문 나이라고 축하받는 일흔이 되었다.

벼슬을 면제시켜 달라고 거듭 임금에게 비는 글을 올렸으나 오히려 나라에서 관리하는 말을 타고 올라오라는 명령만 내려왔다. 이 봄이 다 지나가기 전인데 한양의 김취려가 봉화군수를 맡고 있는 준의 슬하로 돌아오는 안도 편에 퇴계 선생이 남겨두고 왔던 분재 매화를 보내오니, 반가워서 시를 읊었다.

제자들과 시를 지어 주고받거나 편지를 받고 답장을 쓰고, 봉화군수인 아들에게 고을을 잘 다스리기에 힘쓰라는 훈계도 하는 가운데 한양에 남아 있던 증손자가 아프다는 소식을 듣고 약을 지어 보냈다.

여름으로 접어들면서 도산서당에 나아가 역학을 정성들여 강의하고 나서 선생이 역학을 이해하는 관점을 시로 지어서 강의를 들은 제자들에게 보이기도 하였다.

서울에서는 아프다던 증손자가 젖을 얻어 먹을 수 없어서 생명이 위태로운 상태에 놓였다. 아기 어머니는 안타까운 나머지 고향에서 마침 아기를 갓낳은 여자 종을 서울로 보내 달라고 청한다. 퇴계는 이 소식을 듣고, 내 자식을 살리자고 남의 자식을 죽을 처지에 놓이게 하는 것은 도리에 어긋나는 일이라며 여자 종이 낳은 아기가 미음을 먹을 수 있을 때까지 서울로 부르지 못하게 한다. 그 동안 미음을 쑤어 먹이든 서울에서 젖먹여 줄 종을 구하든지 다른 대책을 세워보자고 한다.

증손자가 5월 23일에 어린 나이로 세상을 떠나고 말았다. 6월 4일 저녁에야 소식을 듣고는 아픈 가슴을 달래며 다음날 봉화에 있는 준에게 소식을 전하는 편지를 썼다.

뜻밖에도 아이가 어린 나이로 세상을 떠났다니 너무나 놀랍고 슬퍼서 가슴 아프다. 내 앞에 있는 것이 너뿐이고, 너 또한 겨우 아이 하나뿐이어서, 밤낮으로 너에게 자식들이 번성하기를 바랐는데… 지금 이렇게 되었으니 너무도 슬퍼서 할 말이 없다. 모두가 내가 복이 엷은 때문이겠으니 더 마음이 아프다.

9월에 잠시 안도를 데리고 도산서당에 나가 있으면서 『역학계몽』 및

『계몽전의』와 『심경』을 강의하다가 계상서당으로 돌아왔다.

이 무렵 도산서당 주위에 피어 있던 국화들이 모두 붉은색으로 변하는 것을 보고 이덕홍이 선생에게 이상하다고 말을 하였다. 선생은 "나도 이상히 여겨 꽃 키우는 책을 살펴보았더니, 흙비와 장마가 심한 해에는 본래의 색을 잃고 변한다는 구절이 있었다"라고 대답하였다.

10월 15일에 우주의 진리, 그리고 사람의 본성, 마음 및 감정 등에 관한 철학사상적 이론 구성을 놓고 기대승과 그 동안 주고 받은 편지에서 논의되었던 문제에 대해 마지막 편지를 썼다. 이 편지에는 논의한 학문의 내용도 참으로 넓고 깊고 원만했지만, 그보다 더욱 돋보이는 것이 있었다. 정승 대우를 받았을 뿐만 아니라 이미 일흔 살을 넘기고 있는 노선생이 나이 차이가 많이 나는 제자에게 답하는 글임에도 불구하고 조금도 체면 같은 것에 거리낌이 없이 마음을 비우고는 제자가 옳은 점은 옳다 하고 스스로 잘못되었던 점은 고치기에 인색하지 않았던 모습이었다. 일생 동안 공경함을 통하여 정성스레 마음과 몸을 닦고 길러서 성현의 경지에 이른 성스런 모습이었던 것이다.

차츰 날씨가 추워지자 직접 옆에서 모시지 못하여 마음이 편치 못한 준이 봉화에서 아버지께 몇 가지 물건을 보내왔다. 이를 받아본 선생은, "너무나 가난한 고을을 맡은 네가 큰 능력도 없으면서 어떻게 공과 사를 모두 완전하게 처리할 수 있을지 깊이 걱정해 왔다. 관청의 물건을 개인의 인정에 따라 사용해 공적公的으로 죄를 얻는 것보다는 인정을 억누르고 조절해서 나라의 법을 받드는 것이 좋은 일이니, 깊이 살펴서 처신해야 할 것이다. 전에 봉화에서 보내온 물건은 …감 한 접을 되돌려 보내니 관청에서 쓸 곳에 보충하는 것이 좋겠다"는 편지와 함께 돌려보냈다.

11월에 들어 병 때문에 오래 앉아 있을 수도 없고 어지럼 증세도 생겨 강의를 그만두고 제자들을 돌려보냈다. 그러나 멀고 가까운 곳에서 많은 젊은이들이 끊임없이 찾아왔기 때문에 조용히 쉴 틈이 없었다. 온계 마을에 모임이 있자 형님도 뵐 겸 올라가서 참석하고 집안 제사에도 참례하였다.

조목, 금난수, 이덕홍 등 제자들이 계상서당으로 와서 옆에서 모시면서 병간호하였다.

12월 3일, 설사가 나자 "매화 형에게 깨끗함을 보이지 못하니 내 마음이 절로 편안치 못하다"고 말하면서 옆에 있던 분재 매화를 다른 곳으로 옮기라 하였다. 그리고 집안 조카, 손자, 종손자들에게 다른 사람들의 책을 하나하나 찾아서 모두 돌려보내라고 명하였다.

4일, 조카 영에게 선생의 마지막 남기는 훈계를 받아적으라 하였다. 그 훈계를 간추리면 다음과 같다.

첫째, 나라에서 베풀어주는 국장의 예를 이용하지 말라. 예조에서는 지난 예에 따라 국장의 예를 받으라 할 것이지만 너희들은 돌아가신 분의 유언이라 말하고 소를 올려 굳게 사양하라.

둘째, 기름과 꿀로 만든 (값비싼) 과자를 쓰지 말라.

셋째, (벼슬한 사람들이 세우는) 비석을 세우지 말라. 그저 크지 않은 돌의 앞면에는 (늘그막에야 도산에 물러나 숨어 산 진성 이공의 묘라는 뜻으로) "퇴도만은진성이공지묘退陶晚隱眞城李公之墓"라고만 새기고 뒷면에는 간단하게 고향과 조상의 내력, 뜻을 두었던 사업과 벼슬살이 모습 등을 옛 성현의 가르침에 맞게 간추려 적어라. 이를 위해 나 스스로 초안을 잡아놓은 것이 있는데, 찾아 사용하라.

넷째, 내가 죽은 뒤에 친족들이 지켜야 할 상례를 법도와 예절을 아는 학식있는 어른들에게 물어서 지금 세상에도 마땅하고 옛날에도 틀리지 않을 도리를 찾아라.

마지막 훈계를 남긴 뒤에 자제들이 말렸음에도 불구하고 "죽음과 삶의 사이이니 만나 보지 않을 수 없다"고 말하며 제자들을 들어오라 하여 얼굴들을 둘러보았다. "평시에 잘못된 견해를 가지고 여러분들과 더불어 날이 저물도록 강의하고 연구하고 설명할 수 있었다는 것이 그렇게 쉽게 이루어질 수 있는 인연만은 아니었네"라고 말하였다.

5일, 상례 때에 필요할 물건 특히 제사 도구들을 준비하게 하였다.

7일, 제자 이덕홍에게 책을 맡으라 명하였다. 덕홍이 명을 듣고 동문들과 함께 물러나와 점대를 뽑아 주역의 괘를 점쳤더니 겸謙이라는 괘가 나왔다. 이 괘의 풀이말은 "인격 높은 사람에게는 끝맺음이 있다[君子有終]"는 뜻이었다. 김부륜 등 옆에 있던 제자들은 즉시 주역 책을 덮고 얼굴이 질렸다.

8일 아침, 분재 매화에 물을 주라 명하였다.

이 날은 맑았는데, 저녁 유시 초(약 오후 5시경)에 갑자기 흰 구름이 집 위에 모이고 눈이 3센티미터나 내렸다. 잠시 선생이 누운 자리를 정돈시키고는 옆에서 부축해 일으키라고 명하였다. 앉아서 조용히 세상을 떠났다. 그러자 곧 구름이 흩어지고 눈이 개였다.

2부

지혜로운 인생을 위한 가르침

나라를 걱정하되
벼슬에 연연하지 말아라

너무 빠른 성공은 좋지 않다

보내 온 편지를 보니 "벼슬살이가 사람을 해친다"고 말하였군요. 과연 그대처럼 이 벼슬살이라는 것이 어떤 일인지 아는 사람이 얼마나 될는지요. 그런 사람들도 하나같이 탄식하면서도 마침내 그 길로 빠져들고 맙니다. 부디 그대는 너무 빨리 나아가려다 영광이라는 이름의 구렁텅이에 빠져들지 않기를 바랍니다. 언제나 생각하는 바이지만, 시작은 있는데 끝이 없게 되는 일의 수치스러움은 시장판의 많은 사람들 앞에서 매를 맞는 것보다 더한 것입니다. 밤낮으로 마음을 가다듬으며 노력한다면 어느 정도 희망이 있을 것이고, 그렇지 않다면 다만 어스레한 한 평생을 보낼 것입니다. 뿐만 아니라 그 이름을 떨어뜨리고 절개와 의리를 욕되게 하는 틈바귀에 빠져들기도 하여 오히려 세속에서 세상 돌아가는 대로 나타났다 사라졌다 하는 것보다도 못할 것입니다. (7-120: 정자중에게 답한 편지)*

그대가 지금 나에게 보내온 시를 읽으며 속에 담긴 뜻을 헤아려봅니다. 처음 공부를 시작하자마자 서둘러 마음이 흐뭇해지는 흥미로움과 흔들림 없는 효과가 나타나기를 바라는가 하면 공부를 하느라 매우 심하게 정력이 소모되고 견디기 어렵게 되는 것을 괴로워하고 있군요. 또한 그러한 공부의 장애물이 나타나는 이유를 태어난 성격의 바탕이 좋지 못한 탓으로 돌리고 있군요. 너무 급히 앞으로 나아가 이루려던 나머지 오히려 너무나 빨리 후퇴하는 조짐을 보이는 듯하다는 말입니다.

비유하자면 100자 깊이로 우물파는 일을 하면서, 네다섯 삽을 뜨자마자 벌써 물이 펑펑 솟아오르는 맑은 샘을 보려 하고, 그래서 그 때부터 이미 샘물이 보이지 않는다고 투덜거리면서 몸이 피로 하고 힘이 다 빠졌다고 한숨 쉬는 것과 같습니다.

끙끙거리며 힘을 들어서 90자까지 파들어갔으나 아직 샘물에 닿지 않았을지라도 지금까지 힘들인 노력을 포기하지 말고 끝내 1백 자까지 파내려가서 물을 얻어 우물을 완성해내야 하겠지만 그것이 어찌 어려운 일이 아니겠습니까?

이러한 병통들을 먼저 제거하고 난 뒤에야 비로소 함께 이 공부의 길을 닦을 수 있을 것입니다. (9-179: 이평숙에게 답한 편지)

---

* (7-120)과 같이 본문 문단 끝부분에 표시된 숫자는 그 글이 퇴계학연구원에서 발간한 퇴계학역주총서 『퇴계전서』 초판에 해당부분에 근거를 두고 있음을 가리킨다. 7- 는 총서의 제7책을 가리키고, 뒤의 120은 그 책의 쪽수를 가리킨다.

벼슬살이

사람이 벼슬하는 것이 있을 수 없는 일은 아니니, 벼슬살이를 하고 안하고는 오로지 여건과 도리에 따라 정할 것입니다. 융통성 없이 외고 집으로 일생을 계획해서는 안 될 것입니다. 다만 이름나고 이익을 얻는 세계가 그에 붙어 있는데, 사람은 그곳에 빠지기 쉽기 때문에 무엇보다도 자신을 굳게 지켜서 스스로를 욕되게 하지 않는 것이 첫째로 해야 할 일입니다. (6-91: 황중거에게 답한 편지)

세상에 나가면 반드시 깊이 살펴야 할 것이 있습니다. 옳고 바른 것을 지키면 거리끼는 일과 물건과 사람이 많이 생기고 뭇사람들이 하는 대로 따르면 스스로의 절개와 지조를 잃게 된다는 것입니다. 이것이 가장 어려운 일입니다. 그러나 지금이나 옛날이나 벼슬하는 사람은 무엇보다도 두레박줄을 매달고 있는 도르래처럼 남을 따라 행동해서는 안 됩니다. 비록 죽는 한이 있을지라도 내가 지켜야 할 바를 버려서는 안 되는 것입니다. (6-88: 황중거에게 답한 편지)

선비의 벼슬살이

선비가 세상을 살아가노라면 때로는 세상에 나아가기도 하고 물러나기도 합니다. 때로는 때를 만나기도 하고 만나지 못하기도 하지만 그렇게 하기 위해 필요한 마지막 판단기준은 몸을 깨끗이 하고 정의를 행하는 것일 뿐이요, 화와 복은 논할 바가 아닙니다.

세상에 나가 벼슬을 할 때에도 오로지 나랏일을 걱정할 것이요, 그 이외의 경우에는 항상 한 걸음 물러서고 한 계단 낮추어 학문에 전념하며 "나의 학문이 아직 지극하지도 못한데 어찌 나라를 경영하고 백성을 어려움에서 구해낼 책임을 맡을 수 있겠는가?"라고 생각해야 합니다. 그리고 시대에 맞지 않을 때에는 외부의 일에 조금도 상관하지 말고 반드시 한가한 자리를 청하거나 물러나기를 바라면서 학문에 전념하여 "나의 학문이 지극하지 못하니 지금이 마음을 안정하여 몸을 닦고 학문의 깊이를 더할 수 있는 시기로구나!"라고 생각하십시오. 오래도록 이와 같이 하기를 결심하고 나아가거나 물러나거나 모두 학문으로써 주를 삼고 항상 스스로 부족하다는 생각을 가져야 합니다. 허물듣기를 좋아하고 착함을 따르기를 즐기어 오랫동안 노력을 쌓는다면 도가 이루어지고 덕이 쌓여서 공적이 저절로 높고 넓어질 것입니다. 이때에 이르러서야 비로소 세상 일을 다스리고 도를 펴는 책무를 맡을 수 있을 것입니다. (5-140,141: 기명언에게 답한 편지)

벼슬을 사양하는 이유

벼슬자리에 임명되어도 받지 않아야 마땅한 것이 있다면 힘써 사양하고 나아가지 않는 것, 이것 또한 하나의 도리인가 합니다. 만약 자기의 분수를 헤아리지 아니하고 마땅한지 여부도 묻지 않고, 그저 받음은 있되 사양함은 없으며 나아감은 있되 물러남은 없으면서 임금을 섬기는 공손함이라 한다면, 이는 도리에 어긋나는 말이요, 일을 그르치는 생각입니다. 세상을 다스리는 모범이 될 수 없을 것입니다. (4-38: 홍상국에게 답한 편지)

실제 맡은 책임이 없기는 하지만 벼슬자리인 중추부의 직함을 아직도 면하지 못하고 있어 이 일이 저를 매우 곤란하게 합니다. 옛날 분들이라면 저처럼 옳고 그름을 가리지 않은 채 이름만 조정에 걸어놓고 산골에서 묵묵히 세월을 보내지는 않을 것입니다. 하물며 지금은 나라가 어지러워서 지혜와 힘을 한 곳으로 모으고 있으니 공로 있는 사람에게 벼슬을 주더라도 오히려 벼슬자리가 넉넉하지 않을 것입니다. 어찌 산골에 버려져야 할 병든 사람에게 헛되이 주어 공로 있는 사람이 오히려 녹을 받지 못하는 일이 있게 할 수 있겠습니까? (4-59: 송태수에게 답한 편지)

그런데도 다만 "임금의 명령은 어길 수 없다"라고 핑계를 대면서 자기의 이익을 굳게 움켜잡고 뻔뻔스럽게 부끄러움을 알지 못한다면, 탐욕스러움과 천박함으로 말미암아 남들이 어찌 그를 따르려 하겠습니까? 벼슬자리가 높으면 책임과 기대도 더욱 무겁고 책임과 기대가 무거우면 나아가고 물러나는 것이 더욱 어렵다고 하였습니다. 그래서 저는 일찍이 '나아가는 것이 옳을 때에는 나아가는 것이 공손함이 되고, 나아가지 않는 것이 옳을 때에는 나아가지 않는 것이 공손함이 된다'고 생각하였습니다.

저의 경우에는 쌓인 병이 없다면 나아갈 수 있고 늙어 쇠약하지 않다면 나아갈 수 있고 썩은 재목처럼 쓸데없지 않다면 나아갈 수 있고 낮은 자리를 사양하여 높은 자리를 얻게 되지 않았다면 나아갈 수 있겠으나 지금은 그렇지 않습니다. (4-46: 민판서에게 답한 편지)

저는 어리석고 재주가 아주 낮은 수준이며 병이 매우 심하고 나이

들고 늙어서 지극히 쇠약합니다. 그럼에도 불구하고 오히려 이름이 지나치게 높고 책임이 지나치게 무겁고 지위가 지나치게 높으며 나라의 은혜가 지나치게 크고 많은 이상한 경우를 만났습니다. 만일 제가 인격자라면 그 중 한 가지 이유만으로도 반드시 실패할 조짐이 있음을 알고서 재빨리 물러났을 것입니다. 제가 만약 임금님의 명령에 급히 달려나갈 줄만 알아서 무릅쓰고 나아간다면 이는 저 때문에 우리 임금께서 훌륭한 신하를 얻으려는 아름다운 뜻이 마침내 충신들이 눈물을 흘리며 탄식하는 지경으로 돌아가고 말 것입니다. 이것이 제가 몸둘 바를 모르고 어쩔 줄을 모르며 아주 곤란하게 움츠러들어서 감히 나아가지 못하는 까닭입니다.

저 또한 사람이니, 위로는 천둥과 같은 위엄이 있고 아래로는 가난이 옥박지르고 있는데 한 번 하늘과 같은 은혜를 받으면 크게 부귀의 즐거움을 누리고 남들의 의심과 헐뜯음도 없어진다는 것을 어찌 모르겠습니까? 그러나 시골구석의 보잘것없는 신하의 구부정하고 추한 모습을 임금님께서 한 번 가까이 보신다면 문득 싫증을 내시고 이상하게 생각하실 것입니다. 더구나 속에 아무 것도 든 것이 없는 이를 억지로 시험이나 한다면 응답함이 뜻에 맞지 않을 것이고 그 제안하는 것에 책략이 없을 것인데, 이 또한 반드시 일어날 일입니다. 이것은 다만 우리 임금으로 하여금 어진 신하를 대접하려던 것을 후회하고는 앞으로 계속해서 어진 사람을 찾으려는 뜻을 게으르게 할 뿐일 터이니, 조그만 이익을 구하다가 도리어 큰 손해를 보게 될 것입니다. 어찌 임금의 은혜에 보답할 수 있는 행동이겠습니까? (4-69: 박참판에게 답한 편지)

대마도 주인에게 답함

지난 날 대마도가 우리나라에게 잘못한 경우가 있었으나 잘못을 뉘우치고 마음을 고쳐서 정성을 보이고 물품을 바치며 할 일을 하였다. 이런 까닭에 우리 조정도 하늘같이 어진 마음으로 잘못은 덮어주고 잘한 것은 드러내며 작은 나라로서 보호하고 은혜를 베풀었다. 접대하고 구제하여 도와주는 모든 도리가 지극하지 않은 점이 없었다.

그대의 입장에서 이치를 따져보면 마땅히 큰 은혜를 감격스럽게 받들고 더욱 보답할 길을 생각하느라 다른 겨를이 없어야 할 터이다. 그럼에도 불구하고 지금은 벌써 은혜를 가볍게 여기면서 그때의 굳은 약속을 돌아보지 않고 분수에 지나치고 있다. 스스로 하고 싶은 것만을 얻으려고 억지를 쓰며 소란을 피우고 고집을 부리니, 큰 나라를 섬기고 하늘을 두려워하는 도리에 어긋나지 않겠는가?

지금 어찌 그대의 일시적인 요청에 의하여 옛 약정을 가볍게 고칠 수 있겠는가? 우리나라가 은혜와 신의로써 그대들 왜인을 대접하기는 하지만 어찌 울타리마저 모두 철거할 수 있겠는가? 그럼에도 불구하고 그대는 이전의 조약을 생각하지는 않고 또 자기 반성도 하지 않은 채, 다만 노여움과 원망만을 품고 있으니 어찌 옳다고 하겠는가? 이런 까닭에 어쩔 수 없이 신의로써 다스리고 조약을 따라 처리하는 것일 뿐 그 사이에 인색한 점이 있는 것은 아니다. (3-270: 대마도 주인 종성장에게 답한 글)

왜 사신을 끊지 말기를 바라는 상소

오랑캐는 오랑캐로 대접하면 모든 오랑캐가 그 처지에 맞게 잘 있을 것입니다. 그렇기 때문에 왕 되는 사람은 오랑캐를 다스리지 않고 오직 오는 자를 거절하지 않고 가는 자를 말리지 않을 뿐입니다. 다스리지 않는 방법으로 다스리는 것이 곧 잘 다스리는 것입니다. 만약 임금과 신하의 처지임을 고집하여 그에 맞는 예절과 인륜 도덕을 따지면서 그들과 더불어 옳고 그름을 가려서 복종할 것을 확인한 다음에야 속시원하게 여긴다면, 이것은 짐승을 몰아서 예절과 음악을 하게 하는 꼴일 것입니다.

왕의 길은 넓은 것입니다. 상대편이 진실로 굴복하는 마음으로 오면 받아들일 따름입니다. 그렇다면 오늘날 왜인들이 하는 요청은 허락할 만한 것입니다. 그럼에도 불구하고 허락하지 않으니 어느 때가 되어야 허락할 수 있을지 모르겠습니다.

서로가 양보없이 맞서게 되는 셈이니, 무식한 이 소인배들이 앞으로 반드시 크게 원한을 품게 되어서 뒷날 끝없는 근심거리가 될 것입니다. 변방의 약점이 한 번 드러나면 전쟁이 이어져서 걷잡을 수 없게 될 것이니, 그때에 감화시키고자 하면 더욱 심하게 굳어질 것이고 화친하고자 하면 이미 칼자루가 우리 손에 있지 않게 될 것입니다.

지금 섬 오랑캐가 우리 조정에 오고 싶어하는 소망을 끊고 있는데, 이것이 내쪽에서 앙화와 난리를 불러들이는 길을 없애는 일이라고 할 수 있겠습니까?

한편 나라가 그들에 대해 화친을 허락하되 방비는 조금도 늦춰서는 안될 것이며, 예절로써 대접하되 너무 지나치게 양보해 주어도 안 될 것입니다. 더욱이 한 번 불쾌하다고 종신토록 내쳐서는 안 될 것입니다.

조정에서 왜인들의 요청을 거절한다는 소문을 듣고 마음속으로 잘못이 아닌가 걱정하고 있습니다. 생각건대 이 일은 수백 년 나라의 존망에도 관계가 있고, 천만 백성의 생명과도 이어져 있기에 제가 죽은 뒤에라도 원한이 남지 않도록 삼가 말씀 올리는 것입니다. 삼가 죽음을 무릅쓰고 이 글을 올립니다. (3-23: 왜의 사신을 거절하지 말라는 상소)

나랏일 걱정

요사이 가뭄이 너무 심해 사람들이 다 죽을 판이었는데, 이 달 초순에 비가 내려 타들어 가던 곡식이 많이 되살아났습니다. 사람들도 비로소 살아날 가망이 있게 되었습니다만 논의 벼는 아주 버리게 된 것이 반을 넘습니다. 다른 고을들에서는 어린 싹도 볼 수 없는 곳이 많아 사람들 모두가 아우성치면서 죽기만을 기다리고 있답니다. 이런 형편으로 본다면 반드시 도적떼가 크게 일어날 것인데, 나라에서는 장차 어떻게 대처해야 좋을지 모르겠습니다. 생각이 여기에 이르니 밤잠을 이룰 수 없어 괴로울 뿐이니 어찌하면 좋겠습니까? (5-107: 이공간에게 답한 편지)

지난 해에 비록 굶주림이 심했다 하나 우리 고향 지방은 그렇게 심하지 않았습니다. 그런데 이제 들리는 소문에 의하면 가는 곳마다 풀잎 하나 볼 수 없게 되었다니, 일가 친척들이 앞으로 떠돌이 생활에 엎어지고 자빠질 것을 생각하면, 잠시라도 마음이 놓이지 않아 하늘에 호소하고 싶은 아픔을 가눌 길 없습니다. 팔도 중에서도 호남 해변과 영남 모든 지역이 더욱 심하다고 하는데, 그에다가 왜인들이 자주 틈을 노리니 전란이 일어나지 않는다고 보장하기 어렵습니다. 엎친 데 덮쳐서 북쪽 오랑캐와 사이가 나빠진 뒤로 한 차례 침범해 약탈해 갔다고 합니다. 가을이나 겨울에 크게 침범할 것이란 소문이 있어서 온 조정이 방어 계책을 세우느라 어수선하게 돌아가고 있습니다. 그러나 병사도 없고 식량도 없다면 제 아무리 좋은 계략을 세우는 사람이 있다 할지라도 어찌 가엽고 딱한 처지가 아니겠습니까? (5-127: 오인원에게 답한 편지)

남쪽과 북쪽의 큰 난리가 아침저녁으로 위급한 상황인데, 우리나라의 경우를 둘러보니 한 가지도 믿을만한 것이 없습니다. 그러니 산골 숲에 숨어산다고 할지라도 어찌 즐거움이 있겠습니까? 이 때문에 나름대로 근심하고 탄식하면서 어쩔 줄 몰라 합니다. (6-29: 황중거에게 답한 편지)

병적 조사에 대하여

나라의 큰 일은 본래 군대를 유지하는 일에 있는데, 지금은 군졸이 줄어들어서 이름만 있고 내용이 없기가 서울이나 지방이나 마찬가지입니다. 병역 해당자를 찾아서 모자라는 인원을 보충하는 것이 당장 급한 일이오니 백성들이 원망한다고 해서 그만둘 수는 없을 것입니다.

그러나 배고픔과 추위가 절박하여 백성들이 돌아보고 의지할 데 없이 뜨내기가 되어 단봇짐을 싸 짊어지고 흩어져 다니게 되었기에, 지방 수령들이 그 처참한 모습을 보고 구하여 도와주기 위한 보고를 잇달아 올리고 있습니다. 그럼에도 불구하고 나라에서는 한 번도 명령을 내려 시궁창에 빠진 백성의 목숨들을 구제하려는 계획은 하지 않고, 바야흐로 집집마다 뒤지고 찾아내서 젊은이들을 낚아가고 중들을 잡아들이

고자 하니, 인정사정 없고 사나운 아전들이 이를 빌미로 간사한 계교를 꾸며 윽박지르며 독촉하기를 불같이 하므로 등살을 깎고 뼈를 짓이기는 듯한 착취가 끝이 없게 될 것입니다.

무식한 백성들은 위에서 덕을 베푸는 것을 보지 못하고 아래에서 오직 쳐들어와 빼앗아 가는 것만 보게 되어 서로 원망하며 탄식할 것입니다. 그리고 부모의 은혜를 저버리고 아내와 자식의 사랑을 끊고 이곳을 떠나 저곳으로 가지만 그곳 역시 그러하니 사방이 넓기는 해도 숨고 도망갈 곳이 없을 것입니다. 힘센 젊은이들은 무리를 지어 도둑이 되고 노인과 어린이들은 구렁에 굴러 떨어져 죽으면, 아아 나라의 근본이 어찌 흔들리지 않겠습니까? 어찌 백성들의 부모가 되어 정치하면서 질병의 극심함과 춥고 배고픔의 절박함에 대해서 못 들은 체 할 수 있겠습니까? 이미 먹을 식량이 떨어지고 병 고칠 약도 없는데, 다른 일이 중요하다는 구실로 차마 하지 못할 일을 하며 그들을 몰아세우며 협박해 물과 불 속에 집어넣으니, 구원해 주기는커녕 나무를 더 지펴서 불길을 돋움이요, 물에서 건져 주기는커녕 물결을 일으켜서 빠지게 함입니다. 이에 더해 매질하고 잇달아 형벌을 주니, 가령 그 중요하게 여기는 일이 이렇게 이루어진다고 할지라도 그것은 부모가 자식을 사랑하는 도리는 결코 아닐 것입니다. 하물며 백성들이 분노하면 이기기 어렵고 형벌은 내리면 피비린내만 날 뿐이겠습니까?

만일 놀라고 두려워서 난리가 일어나기를 생각하는 백성들이 사방에서 서로 무리를 짓고, 또 지난 날 색출된 병사들이 그들 속에서 감정 품고 일반 백성들에게 흉악한 짓을 한다면, 이 환난을 당했을 때 나라는 텅빈 병적만으로 무슨 수로 이를 막을 수 있을지 모르겠습니다. 이 때문에 신은 병적의 정리를 잠시 멈추었다가 풍년이 들고 백성들이 평안해진 뒤에 다시 하는 것이 의리에 있어서도 옳으며 일에 있어서도 편리하리라고 생각합니다. (3-90: 무진년 임금 앞에서 가르친 글)

백성 걱정

지금의 형편을 보니 백성들이 모두 머지 않아 구렁 속으로 쓰러질 형편인지라 밤낮으로 근심하고 두려워하는 마음만 앞설 뿐, 어떻게 구제해야 좋을지 모르겠습니다. 한밤에도 잠을 이루지 못하면서 정치 계획이 잘못되었음을 생각하고는 등불을 돋우고 이렇게 당신에게 편지를 씁니다. (6-290: 조사경·금문원에게 준 편지)

세금 걷는 일

지방의 수령들을 보면, 처음에는 매우 백성을 사랑한다는 소리를 듣다가도 세금이나 빚을 거두어들이는 종류의 일에 이르게 되면 흉년이 심하여 떠돌다가 굶어 죽는 꼴을 눈으로 보고서도 인정 사정 없는 조치를 심하게 하여 모두 긁어내려고 하는 경우가 많습니다. 이는 다른 까닭이 아니고 욕심이 단단하게 그의 마음을 가려서 처음 먹었던 마음을 잃기 때문입니다.

나라의 곡식을 거두어들이지 않을 수는 없지만, 반드시 채워 놓기에만 급하여 백성에게 잔인한 조치를 가하지 않는 것이 좋을 것입니다. (7-133: 정자중에게 준 편지의 별지)

임금의 이기심에 대하여

이기심은 마음의 좀이고 모든 악의 근원입니다. 옛날부터 나라가 잘 다스려진 때보다는 어지러운 날이 많아서 임금이 몸을 파멸시키고 나라를 망치곤 하였습니다. 그것은 다 임금이 하나의 이기심을 버리지 못했기 때문입니다. 무릇 한때 한 가지 일에 있어서 힘써 이기심을 일으키지 않는 것은 어렵지 않으나 평소에 모든 이기심을 제거해서 말끔히 다 없애버리는 것은 어렵습니다. 비록 어떤 때는 이미 다 제거해버려도 알지 못하는 사이에 문득 다시 꿈틀꿈틀 싹트기를 처음과 같이하니, 이것이 그 어려운 이유입니다. 이 때문에 옛 성현들은 조심하고 삼가기를 깊은 못에 이른 듯이 하고 얇은 얼음을 밟는 듯하여 날마다 끊임없이 노력하고 밤마다 조심하였습니다. 오직 잠깐만이라도 게으르고 가벼이 여겨 구덩이에 빠지고 벼랑에 떨어지는 일이 일어나지 않을까 두려워하였습니다. 옛 성인 기자箕子께서는 이렇게 가르쳤습니다.

> 치우침이 없고 기울어짐이 없게 하여 임금으로서의 올바름을 따르고, 이기적으로 좋아함이 없게 하여 임금으로서의 도리를 따르고, 이기적으로 싫어하는 일이 없게 하여 임금으로서의 길을 따르십시오. 치우침·기울어짐·공평하지 않음이 없어야 임금의 도리가 멀고 고르고 바르게 미칩니다.

이로 미루어 보면, 비록 성인의 경지에 이르렀더라도 오히려 혹시 이기적으로 치우치는 사사로움이 있지 않을까 항상 조심조심하였습니다. 하물며 성인에 이르지 못했다면 어떻게 해야 마땅하겠습니까? 바라옵

건대 우리 임금님께서는 정신을 가다듬어서 살피고 생각하소서. (3-93: 무

진년 임금 앞에서 가르친 글)

임금의 정치방법

신은 아룁니다. 임금은 권세와 지위가 지극히 높습니다. 그래서 진실로 나아감이 다하면 반드시 물러서게 되고 존재하는 것은 반드시 멸망하고 얻음이 있으면 반드시 잃음이 있다는 이치를 자칫하면 알지 못하고 스스로 위대하다는 생각을 가지게 됩니다. 그러면 그 일 처리하는 뜻이 교만하고 넘쳐서 어진 이를 업신여기고 스스로 성인인 체하며 혼자만의 꾀로 세상을 다스리려 합니다. 신하와 더불어 마음과 덕을 같이하여 성의로 서로 믿고 함께 나라 다스리는 도리를 성취시켜야 함에도 불구하고 그러기를 즐기지 않게 되어 은택이 백성에게 내려가지 아니합니다. 이것이 이른바 "절정까지 오른 용은 후회하게 된다. 그것은 더 올라갈 곳 없는 꼭대기까지 올라간 재난이다"라는 것입니다. 그러므로 옛어진 임금들은 이 이치를 깊이 알고 항상 스스로를 낮추고 굽히며 겸손하고 경건하여 스스로 마음을 비움으로써 도를 쌓았던 것입니다.

이른바 "가득 차는 것은 오래 갈 수 없다"는 교훈을 알고서 극도에 이르기 전에 방지한다면, 후회할 것이 없게 됩니다. "망하지 않을까! 망하지 않을까! 하고 조심해야 나라의 뿌리를 튼튼하게 한다"는 말이 있습니다. 엎드려 바라건대 우리 임금님께서는 항상 이를 경계하시어 스스로 위대하다는 마음 때문에 생기는 후회가 없도록 하신다면 나라에 큰 행복이 되겠습니다. (3-173: 임금 앞에서 가르친 글 건괘 제6호 강의)

벼슬을 사양하는 도리

예로부터 신하된 사람은 그 능력이 드러나서 벼슬을 하게 되면 몸을 바쳐 맡은 책임을 다하다가, 늙고 병들어 일을 할 수 없게 되면 그만두고 물러나기를 희망하는 것이 마땅한 도리이다. 이 밖에 다른 길은 없는 것이다. (3-231: 동지중추부사의 사면을 청하는 소장)

임금의 은혜와 영화를 탐해서 하는 일 없이 나라의 밥을 얻어먹고 능력이 없으면서 물러날 줄을 모르는 것은, 위로는 훌륭한 조정을 욕되게 하고 아래로는 선비들의 기풍을 파괴하는 것이다. (3-243: 예조판서의 사면을 청하는 소장)

옛 훌륭한 선비들의 일을 통해 배운다면, 벼슬에 임명되어도 마땅히 받지 않아야 할 것일 경우에는 힘써 사양하고 나아가지 않는 것이 하나의 도리이다. 자기의 분수를 헤아리지 않고 마땅한지 않은지도 묻지 않고 오직 받을 줄만 알고 사양할 줄을 모르면서 그것이 나라의 명을 받드는 공손함이라고 생각하는 것은 도리에 어긋나는 일이요, 일을 그르치는 생각이다. (4-38: 홍상국에게 답한 편지)

벼슬자리에 나아가는 것이 옳을 때에 나아가면 나아가는 것이 공손함이고, 나아가지 않는 것이 옳을 때에 나아가지 않으면 나아가지 않는 것이 공손함이다. (4-48: 민판서에게 답한 편지)

효도하기 위해 벼슬하는 일

어버이를 위해서 벼슬살이하여 봉급을 받는 일은 옛사람도 어쩔 수 없다고 한 경우가 있습니다. 그러나 반대로 봉급을 위해 벼슬살이하는 것을 효도로 생각하지 않는 사람도 있습니다. 하물며 효도하기 위함이라는 이유로 하루라도 빨리 벼슬하여 봉급을 받겠다고 마음먹어서야 되겠습니까? 이것이 오늘날 사람들의 제일 큰 병통입니다. 그대가 이 봉급받으려고 벼슬하는 일을 가볍게 여긴다면 얼마나 좋은 일이겠습니까?

나아가서 이 봉급을 위해 벼슬하려는 마음의 뿌리를 다시 되살아나지 못하게 끊어버린다면 더욱 좋은 일이겠습니다. (7-95: 정자중에게 답한 편지)

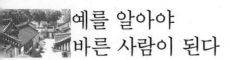

예를 알아야
바른 사람이 된다

신의와 예절

퇴계 선생이 설명하였다.

"변란을 당해 백성들과 조정이 함께 나라와 사회를 지켜야 할 때에는 신의가 중하고, 학문을 익혀서 몸으로 실천할 때에는 예절이 중하다. 신의와 예절은 경우에 따라서 중요한 것이 다르기 때문에 효과를 나타내게 되는 까닭도 다르다. 신의가 없으면 백성들이 세상에서 안정된 생활을 할 수가 없어서 나라 또한 튼튼히 서있을 수 없게 된다. 예절을 모르면 남의 말을 듣거나 상대방을 마주대할 때뿐만 아니라 모든 사회생활에서 어떻게 몸가짐 해야 할지 모르게 된다." (17-66: 논어강록)

인격자의 도리는 부부에서 출발한다

무릇 부부는 인류의 시초이고 만 가지 복의 근원이며 지극히 친밀한 관계이면서도 한편 지극히 바르고 조심해야 할 관계이다. 그러므로 인격자의 도리는 부부에서 출발한다고 말한다. 세상 사람들은 부부 사이에 예의를 차리고 존경함을 가져야 한다는 점을 아득히 잊어버리고 서로 너무 구별이 없거나 억누르다가 마침내 업신여기고 인격을 무시하게되어 못하는 짓이 없게 되고 있다. 모든 것이 서로 손님처럼 공경하지 않는 것이 원인이다. 이러한 점들로 미루어 볼 때에, 한 사람이 그 집안을 바르게 세우려고 한다면 당연히 그 처음 출발선이 되는 결혼식 때부터 이미 삼가 신중해야 되는 것이다. 천만 번 스스로 깨우치며 조심하여라. (9-304: 손자 안도에게 준 편지)

공자께서는 "하늘과 땅이 있은 뒤에 만물이 있고 만물이 있은 뒤에 부부가 있고 부부가 있은 뒤에 어버이와 자식이 있고 어버이와 자식이 있은 뒤에 임금과 신하가 있고 임금과 신하가 있은 뒤에 예절과 도의가 얽히고 설키게 된다"고 하였습니다. 또 자사께서는 "인격자가 가야 할 길은 부부에서부터 시작되어 하늘과 땅을 살피는 경지에까지 이른다" 고 하였습니다. 또 『시경詩經』에서는 지아비와 지어미가 잘 화합된 모습을 보고서 "거문고와 비파를 합주하는 듯하다"라고 읊고 있는데, 공자께서는 "그렇게만 되면 어버이께서 편안하시리라"고 풀이하였습니다.

부부 사이에 이루어진 인륜이 중대하기가 이와 같습니다. 어찌 그저 애정이 좋지 않다는 이유만으로 지어미를 박하게 대우하여 헤어짐에까지 이르겠습니까? 사람됨이 그렇게 얄팍해서야 어떻게 부모를 섬기고 형제와 집안사람들과 이웃들과 더불어 지내며 임금을 섬기고 뭇사람들을 지휘할 수 있겠습니까? 지아비된 사람이 스스로를 돌이켜 살피고 지머미를 너그러이 대해주며 둘 사이의 도리를 잃지 않으려고 힘껏 몸가짐을 잘한다면 그 사이에 이루어진 그렇게 큰 인륜이 보잘것 없이 무너져 서로 헤어지는 지경에까지 이르지는 않을 것입니다. 그리고 스스로도 지어미에게 온갖 속 좁은 대우를 퍼붓는 잘못에 빠져드는 허물은 면할 수 있을 것입니다. (9-182: 이평숙에게 준 편지)

부부 사이의 애도하는 정과 효도

조카 치가 죽자 그 아내가 상례를 굳게 지키려고, 고기도 먹지 않고 목욕도 하지 않아서 건강을 잃고 있었음을 알았습니다. 이 일은 벌써부터 그렇게 하지 말고 평상시의 생활로 돌아가도록 조처했어야 옳았습니다. 지금에야 사람을 보내어 타이르게 되었으니 혹시라도 고집을 부리며 듣지 않을까 염려됩니다.

이 일은 집안어른들이 간절히 달래어 반드시 말을 듣도록 해야 합니다. 그렇게 건강을 해치더라도 굳게 상례를 지키는 것이 인정상 저의 소원이라고 그 아이가 이미 말하였으므로, 그 뜻을 따라주는 것이 마땅할 것 같으나 올바른 도리로 말하면 그렇지 아니합니다.

시집과 친정 두 집안 모두에 늙은 어버이가 살아 있으니, 어찌 그 분들에게 참혹하고 마음 상하는 일을 항상 눈앞에 두고 보라고 할 수 있겠습니까? 이는 불효하기가 이보다 심함이 없을 일입니다. 이 일로 인해 어버이 마음이 항상 즐겁지 못할 것이므로, 두 집안 동생들이 모두 어버이 마음을 즐겁게 해드리려고 효도를 다해도 결국 방해받게 됩니다. 뿐만 아니라 그 밖의 여러 면으로 가정생활에 방해됨이 말할 수 없이 많을 것입니다.

그러므로 어쩔 수 없이 보다 크게 보아 올바른 도리로 일 처리를 해야지 그 아이가 원하는 바를 이루지 못하게 하는 것을 애처롭게 여겨서 계속 해결하지 않고 미룰 일이 아닙니다.

더구나 미망인이 남편의 죽은 혼을 위해 정성을 다할 수 있는 일은 오직 제사 한 가지뿐임에도 불구하고, 지금 평생토록 상례를 고집해 제물을 다른 사람의 손에 맡기고 스스로는 음식을 장만하지도 않고 먹지도 않는다면, 이는 결국 남편의 제사를 평생 지내지 않는 것과 같습니다. 이 또한 어찌 죽은 사람의 뜻이겠습니까? (7-238~239: 금협지 등에게 준 편지)

친분 있는 사람과 없는 사람

도리가 어둡고 지켜지지 못하는 어지러운 세상에서 스스로 처신하는 도리를 판단해야 할 경우에는, 그 상대방 되는 사람과 자기와의 관계가 어떤 것인지 살펴야만 합니다. 그 상대방이 그래도 무언가 충고해줄 수 있는 사람이거나 자기와 친분이 있는 사람일 경우에는 곧바로 충고해 고치게끔 해야 합니다. 그래야만 선행은 자기 혼자 차지하고 악행은 남에게 떠밀어 넘겼다는 의심을 사지 않을 것입니다. 그러나 불행하게도 그 사람이 허물을 고칠 가능성이 없거나 자기와 친분관계도 없는 경우라면 서로 모르는 것으로 치고 그 자리에 자기가 없는 듯이 처리하는 것이 좋은 방법이 아니겠습니까? (8-136: 정경석에게 답한 편지)

몸을 훼손하여 효도하는 일

어느 날 퇴계 선생의 제자인 우경선이 다음과 같은 편지를 보냈다.

선생님께서는 '허벅지의 살을 베어내어 돌아가시려 하는 부모에게 먹인다는 일에 관해서는 앞선 선비들이 거의 다 설명해 놓았습니다. 어떤 일에 있어서든 너무나 절박한 상황에 이르러 달리 방법이 없으면 어쩔 수 없이 그 상황에 맞추어 특별하게 일 처리를 하지 않을 수 없지요. 또한 달리 어떤 방법이 없는 경우에는 스스로의 몸을 훼손해서라도, 부모 목숨을 구하려는 것이 자식으로서 참으로 애절한 마음이긴 합니다. 그러나 이러한 행동을 딴 사람들에게 효도라고 가르칠수는 없습니다. 그렇기 때문에 주자께서도 정성스런 마음이라면 못할일이 없다는 점만은 인정하였지만 지극한 선행이라고 생각하지는 않았던 것입니다. 깊이 살펴야 할 것이니, 그렇지 못하면 어그러지거나 치우치게 되어 도리를 어지럽히는 지경에 이를 수가 있습니다'라고 일찍이 이이에게 편지로 답하셨습니다.

저 우경선은 다음과 같이 생각합니다. 사람의 자식으로서 부모 병이 절박한 지경에 이르면 약을 구해 병을 낫게 하려는 마음이야 어찌 끝이 있겠습니까? 그러나 사람 고기를 써서 사람의 병을 고치는 것과 같은 이치가 어찌 세상에 있겠습니까? 그것이 이치에 맞지 않는 줄 분명히 알면서도 시험삼아 해본다는 것은 도리에 밝고자 노력하는 사람이라면 해서는 안 될 일입니다. 중국에서 예전에 어떤 사람이 '훌륭한 의원이 사람 고기가 아니면 어떤 약도 효력이 없다는 처방을 내렸다면 그럼에도 불구하고 그 말이 근거 없다고 생각하여 어머니께서 돌아가시는 것을 멍하니 앉아서 보고만 있어야 할 것인가?'라는 문제를 낸 적이 있습니다. 그러나 저는 생각건대 정말로 훌륭한 의원이라면 정녕 이런 처방을 내놓지는 않을 것 같습니다.

이 편지에 대해 퇴계 선생은 "뒤에 생각해 보니 지난 번에 내가 한 말에는 분명하지 않은 곳이 있는 듯합니다. 이 일에 관해서는 그대의 생각을 옳은 것으로 보아야 할 것입니다"라고 답하였다. (8-88: 우경선의 질문에 답한 편지)

지극한 효도와 참다운 효도의 이치

전하는 말을 들으니, 당신의 몸이 부모님의 상례를 치르느라 지나치게 수척해졌다고 하더군요. 모두들 매우 걱정하고 있습니다. 옛 성인께서는 부모의 상을 당한 자식이 그 상을 이겨내지 못하는 것을 자식 없는 것과 같이 생각했습니다. 그것이 어찌 성인께서 사람들에게 효도를 다하지 못하게 이끄는 것이었겠습니까? 지나친 것은 못 미치는 것과 같습니다. 시골에서 남의 자식된 사람들 중에는 지극한 효성만 있고 효도의 이치를 모르는 사람들이 있습니다. 죽은 부모로 말미암아 산 사람을 손상시키는 경우가 있어 이러한 사람들을 구제하기 위해 그러한 훈계를 남겼을 따름인 것입니다. (6-245: 이강이에게 답한 편지)

부모를 욕되게 함

말이 입에서 나가면 소리가 귀로 들어오는 법입니다. 나의 입에서 나온 나쁜 말이 남의 부모에게 이르자마자 귀로 들어오는 추한 말이 이미 나의 부모에게 미치게 됩니다. 그러니 이는 스스로 직접 부모를 욕되게 하는 것은 아닐지라도 어찌 그와 거리가 멀다고 하겠습니까?

말하는 자가 거리낌이 없고 듣는 자가 성내지 않는 가운데 그 하는 말이 입으로는 차마 말할 수 없고 귀로는 차마 들을 수 없으며 몸이 떨리고 가슴이 아프며 하늘과 귀신이 놀라고 있음에도 불구하고 뻔뻔스럽고 제 잘난 체하며 자신이 기발한 생각을 내었다고 생각합니다. 그러고는 물어보면, "지금 세상에서 이렇게 세상 흐름에 따르고 더러움에 기꺼이 섞이지 않으면 몸을 보전할 수 없다"고 하니, 아아 헷갈림이 너무나 심합니다. 부모를 욕되게 하면 살고 부모를 욕되게 하지 않으면 죽는 경우, 참으로 양심이 있는 자라면 그래도 부모를 욕되게 하여 삶을 구하려 하지는 않을 것입니다. 하물며 부모를 욕되게 하지 않은 자가 반드시 죽는 것이 아님에 있어서이겠습니까? 욕됨이 제삼자로부터 온 것도 사람의 아들된 자로서는 스스로 자신의 죄로 여겨야 마땅하거늘 하물며 나로 말미암아 욕되게 한 것에 있어서이겠습니까? 이와 같은 자는 혹 그가 본래의 마음을 잃지는 않았다고 변명할지 모르겠지만 나는 믿지 않을 것입니다. (4-257: 풍기군수에게 드리려던 글)

부모의 상례와 인정

부모가 돌아가시고 상례절차대로 밟아 나가는 경우, 상례에 의하면 이제 소리내어 울지 말아야 마땅한 단계에 이르렀음에도 불구하고 아침저녁으로 슬픈 감정이 치밀어 오르면 울어도 좋지 않겠느냐고 묻는 사람이 있었다. 그 질문에 대해 퇴계 선생은 다음과 같이 답하였다.

"지금 자기 뜻대로 행하려는 것은 마땅치 않은 것 같습니다. 옛날 효성이 지극하기만 한 사람들이 때때로 그와 같이 행한 적이 있지만, 예절의 정신을 아는 인격자라면 마땅히 예법에 따르는 속에서 정성을 다해야 할 것입니다. 개인적인 감정에 이끌리어 떳떳한 도리를 벗어난 특별한 행동을 함으로써 세상을 어지럽혀서는 안 됩니다. 만일 인정을 따라 그것이 일어나는 대로 행하기로 한다면, 인정이란 것이 어디 끝이 있겠습니까?" (8-117: 우경선에게 답한 편지의 별지)

부모를 위해 직접 음식을 만드는 일

어떤 성현께서는 "어버이를 섬기거나 제사를 받드는 일을 어찌 남을 시켜서 하겠는가?"라고 말하였습니다. 그렇듯이 직접 맛난 음식을 마련하는 것은 어버이 섬기는 일 가운데 아주 중요한 일입니다. 그러니 그것이 학업에 방해된다고 그만두라고 권한다면, 성현의 뜻과는 다르게 됩니다. 그러나 오늘날은 풍속이 이미 허물어져서 자식들로서 이를 실행하는 자가 드물어졌습니다. 그럼에도 불구하고 어느 날 갑자기 뜻이 우러나서 매 끼니마다 직접 음식을 마련한다면 혹시 어버이께서 오히려 불안한 마음을 가질 염려도 있습니다. 역시 일의 형편에 따라 너무 일을 곤란하게 만들지 않도록 주의하면서 차츰차츰 습관되게 해야 할 것입니다. 어버이를 섬기는 일의 핵심은 결국 그 드러난 모양에 있는 것이 아니고, 눈에 보이지 않는 스스로의 마음을 극진히 하여 어버이의 뜻을 거스르지 않는 데 있을 것입니다. (7-45: 정자중에게 답한 편지)

남의 어버이와 나이 많은 사람 섬기기

무릇 훌륭한 사람이라면 나의 어버이와 형에게 효도와 존경의 도리를 다해야 마땅하지만, 그에 그치지 않고 남의 어버이와 남의 어른에게까지도 그렇게 해야 한다.

나이가 두 배로 많으면 어버이로 섬기고 10년이 많으면 형으로 섬기며 5년이 많으면 어깨를 조금 뒤쳐져서 따르는 정도로 한다.

이것은 거짓으로 꾸며서 억지로 하는 것이 아니라 스스로 나의 어버이와 형에게 효도와 존경하는 마음과 실천이 넘친 나머지 자연스럽게 되는 것이다.

하늘은 나의 아버지이고 땅은 나의 어머니라는 입장에서 넓게 보면 모든 백성이 다 나의 형제 자매이고 세상의 나이 많은 사람이 모두 우리 한 집안의 어른인 것이다. 내가 어떻게 나의 어버이나 형님께 효도하고 섬기는 마음을 미루어서 그들을 섬기지 않을 수 있겠는가? (17-98: 이국필기록)

어른을 존중하는 것이 시초이다

백성이 어른을 존중하고 노인을 받들어 모실 줄 안 뒤에야 가정에 들어와서 부모에 효도하고 형제 사이에 우애를 유지할 수가 있다. 백성이 가정에 들어와서 부모에게 효도하고 형제 사이에 우애하며 사회에 나아가 어른을 존중하고 노인을 받들어 모신 뒤에야 나라의 풍속이 순화됩니다. 나라의 풍속이 순화된 뒤에야 나라가 안정될 수 있습니다.

인격자를 가르치는 일은 집집마다 찾아다니며 가르치거나 날마다 불러모아서 타이를 것이 아니라, 마을에 모임이 있을 때에 그들을 모아서 먹고 마시는 예법을 가르치면 되는 것입니다. 마을 사람들이 모여서 먹고 마시는 예법을 가르치게 되면 나아가서 부모에게 효도하고 형제 사이에 우애할 수 있는 덕행의 출발선이 정해지는 것입니다.

세상살이에서 존중함을 받는 조건으로서 널리 인정되는 것에 세 가지가 있습니다. 도덕이 높거나 벼슬이 높거나 나이가 높은 것이 그것이다. 학교에서는 도덕이 높은 것을 중하게 여기고 마을 모임에서는 나이가 높은 것을 중하게 여깁니다. (9-199: 조기백의 질문에 답한 편지)

임금과 신하 사이의 예우와 도리

임금이 신하에게 궁중의 의원을 보내서 병을 치료하게 하는 예우가 그럴 만한 인재를 찾아서 그에 합당하게 베푸는 것이라면 참으로 아름다운 일이 될 것입니다.

그러나 저는 그만한 대우를 받을 만큼 재주와 능력을 갖추지 못한 사람입니다. 은혜와 영광만을 탐내어 분수도 모르고 부끄러움도 잊은 채, 예禮와 도리를 돌보지 않고 그냥 벼슬에 나아간다면 반드시 이 시대의 공명한 여론뿐만 아니라 후세의 공정한 눈을 가진 사람들로부터도 예와 도리를 흐려놓았다는 비평을 받게 될 것입니다.

그렇게 되면 임금과 신하 사이에 지켜져야 할 예와 도리를 흐렸다는 이유만으로도 나라에 죄를 짓는 것입니다. (3-234: 동지중추부사 소명을 사면해 달라는 소장)

예식을 정하는 일

예식을 정하는 일은 참으로 중대한 일이어서 나같이 어리석은 사람이 문득 일어나는 망령된 생각만으로 정할 수 있는 것이 아닙니다. 너무 급히 일을 이루려고 하면 많은 폐단이 생기는데, 그것은 이미 공자께서 경계하셨던 바입니다.

예식에 관한 일은 급히 성취시키려 애쓰지 마십시오. 고을의 여러 어진 이들과 상세하게 상의하여 놓았다가 기회가 있어서 서울에 들어가게 되면 이 시대에 명망이 높고 예를 아는 이에게 내력을 자세히 알리고 자문을 받을 뿐만 아니라 옛 기록에 있는지 없는지를 널리 찾아 본 다음에 결정을 내려야 할 것입니다.

그래야만 앞서 간 현인들을 존경하는 것이 될 것이고 뒤에 배우는 사람들이 사모하고 본받게 될 것입니다. 그제야 비로소 후대에 물려주어 오랫동안 폐지되지 않을 수 있을 것입니다. (4-217: 노인보에게 답한 편지)

아직까지 옛날의 의식儀式이 많이 남아 있다고 할 수 있을지라도 한결같이 옛 의식을 따른다는 것은 어려운 것이 아닌가 생각합니다. (5-110: 안동부관에게 답한 편지)

무릇 예절에 관한 문제를 의논하게 되면 온갖 서로 다른 의견을 말하게 되는 것은 예로부터 그러하였습니다. 나는 꼭 어떤 것을 고집할 생각이 없으니 그대가 좋은 대로 결정하되 뒷날에 가서 비난을 받지 않을 수 있도록 하는 것이 좋겠습니다. (6-104: 황중거에게 답한 편지)

공자께서는 "어리석으면서 자기 생각대로 하기를 좋아하고 지위가 낮으면서 자기 뜻대로 하기를 좋아하며 오늘날의 세상에 태어나서 옛날의 도리를 돌이키려고만 하면, 재앙이 그 사람의 몸에 미치게 될 것이다"라고 말하였습니다.

그대의 병통은 선함을 향해 그리워하지 않는 것에 있지 않고 그 그리워함이 지나침에 있으며, 학문을 좋아하지 않음에 있는 것이 아니라 너무 급하게 좋아함에 있고, 예절을 좋아하지 않음에 있지 않고 그것을 좋아함이 너무 한쪽으로 치우쳐 있음에 있습니다.

선함을 그리워함이 너무 지나치므로 자칫하면 어리석은 사람을 참으로 착하다고 여기게 되고, 학문을 좋아함이 너무 급하므로 아직 배우지 못한 것을 이미 배운 것으로 여기며, 예절을 좋아함이 너무 한쪽으로 치우치므로, 백이면 백 시속의 예절을 바로잡는 것으로써 예를 얻은 것으로 여기는 근심거리가 있는 것입니다.

시속의 예절이 잘못된 것을 바로잡아서 옛날의 도리로 돌아가게 하는 것은 참으로 인격 높은 사람들이 해야 할 일입니다만, 한편 생각나는 대로 가벼이 해서는 안 되는 측면이 있습니다. 가벼이 하지 않아야만 화를 당하는 불행함을 피할 수 있을 뿐만 아니라 도리로 보아도 마땅히 그렇게 해야 하는 것입니다. 공자께서는 천자가 아니면 예를 논하지 못한다고 하였습니다. (7-359: 김이정에게 답한 편지의 별지)

예절에 관한 일을 자기 뜻대로 행하려고 하는 것은 타당하지 않은 것 같습니다. 옛날에 효성이 지극하기만 한 사람들이 때때로 자기가 하고 싶은 대로 행하였음을 짐작케 하는 기록이 있지만, 예절을 아는 인격자라면 그렇게 해서는 안 됩니다. 마땅히 예법을 따르며 오직 정성을 다하여 행할 따름입니다. 자기만의 감정에 이끌려서 일반적인 도리를 벗어난 특별한 행동으로 세상을 어지럽혀서는 안 됩니다. 만일 인정을 따라 인정대로 행한다면 인정이란 것이 어디 끝이 있겠습니까? (8-117: 우경선에게 답한 편지의 별지)

제사 예절

제사를 지내는 예절의 절차나 음식으로 차리는 물품들은 문헌에 있는 예절 관련 글을 따르는 것이 마땅하겠습니다. 그렇지만 옛날과 지금은 상황이 매우 달라져서 문헌대로 따를 수 없는 것이 있습니다. 그런 경우에는 선조들이 했던 대로 따르면 안 될 것도 없을 것입니다. (4-294: 송과우에게 답한 편지)

음식의 종류에 있어서는 옛날과 매우 다르기 때문에 옛날의 예절에 관한 책에 나오는 것과 똑같이 차릴 수는 없을 것입니다. 옛날 책을 보면 소금만을 따로 접시에 차려 놓았으나, 오늘날은 평일 봉양할 때와 같게 생각하여 간장으로 대신하는 것이 잘하는 일일 것입니다. (5-122: 김경부 등에게 답한 편지)

제사 의식 가운데 잘못된 것이 있다면 고쳐야 하지만 한편으로는 선조들이 했던 대로 따르는 것이 좋을 것이므로, 부형이 계신데 그것을 스스로 갑자기 고치기 어렵습니다. 그러나 내가 정성을 다하여 올바르게 몸으로 실천해 나가기를 두텁게 함으로써 부형이나 집안 사람들로부터 차츰 믿음을 받도록 해야 할 것입니다. 그렇게 된다면 선조들로부터 행하여 내려왔으나 예법에는 맞지 않는 의식들을 하나씩 하나씩 상황에 맞추어가면서 고치자고 청하여 좋은 쪽으로 따르게 할 수 있을 것입니다. (7-248: 김돈서에게 답한 편지)

상례 예절

상례 때에 부인들이 머리에 쓰는 것이나 허리에 두르는 것 같은 상복을 입는 예절을 옛 예법대로 다시 시행할 수가 없는 것입니까? 라는 질문을 하셨군요.

부인들의 상복을 입는 예절을 옛 예법대로 따라 하는 것이 좋기는 하지만 그것 또한 어디까지나 자기 가문에서 상례를 어떻게 행하고 있는지 살펴보아서 시행해야 할 것입니다. 만약에 다른 일은 다 예법대로 하지 못하면서 그 한 가지만 따라 행한다는 것은 유익함이 없을 뿐 아니라 세상 사람들의 풍속에 대한 눈만 놀라게 하는 데 지나지 않을 것입니다. (7-291: 김이정에게 답한 편지의 질문)

옛날에는 사람들이 상례를 치르는데 매우 신중했기 때문에 그 제도가 두루 갖추어져 있습니다. 그러나 죽은 사람 때문에 산 사람의 생명을 손상시키지는 않았으므로 생명을 유지해낼 수 있는 방도 또한 제도 안에 넣었습니다. 공자께서도 굶주려서 상례 치르는 일을 견딜 수 없게 되는 것도 예절이 아니고 배불리 먹어서 슬픔을 잊는 것도 예절이 아니라고 말한 뒤에 "병이 있으면 술과 고기를 먹는다. 몸이 야위어서 병이 되도록 하는 것은 인격을 갖춘 사람이 할 일이 아니고 몸이 야위어서 죽는 것은 남의 자식된 도리가 아니라고 말한다"고 하였습니다. (7-352: 김이정에게 준 편지의 별지)

뜻밖의 흉한 변을 당해 어머니께서 돌아가셨다고 하니, 그대의 순수하고 지극한 효성에 얼마나 슬프겠습니까? 그러나 예절을 지키는 제도는 중용의 길을 따르라는 성인의 분명한 가르침도 있는 만큼, 억지로라도 죽을 더 많이 드시고 슬픔을 절제하시어 변고로 말미암아 지나친 충격을 받지 않도록 하시기 바랍니다. 그렇게 하는 것이 참다운 효도의 도리를 지키는 길이 될 것이라 생각합니다. (18-45: 박미지를 위로한 편지)

혼인 예물을 분수에 맞게 하라

요사이 항상 세상 풍속이 분수에 넘치는 사치에 젖어서 혼인 예절을 과장되게 치르는 것을 좋아하기 때문에, 가난한 사람들이 예식을 제대로 거행할 수 없게 되는 경향이 걷잡을 수 없게 퍼져가고 있었습니다. 저는 항상 그것을 보면서 마음 속으로 수긍하지 못하고 있었습니다.

이번에 귀댁에서 보내온 혼인 예물은 너무 성대하여 나의 처지에는 분수에 넘치므로 감당하기 어려울 정도로 놀랍고 두렵습니다. 그러나 의리에 비추어 보면 이미 대문 안으로 들어온 이상 거절하기도 어려운지라 무식하다는 말을 들을 각오를 하고 받아들이기는 합니다만 저희 쪽에서 보답으로 사례할 예물이 없어서 매우 부끄럽습니다.

귀댁에서 부디 이러한 저희 심정을 이해하시어 검소하고 절약하는 정도로 서로 대접하고 간소하고 꾸밈 없게 서로 처신할 수 있게 되다면 못난 이 사람의 마음에 불안함이 없어질 수 있겠습니다. (18-55: 배습독에게 사례하는 편지)

스승과 제자 사이의 예절

스승과 제자 사이에는 특히 두텁게 예의를 앞세워야 한다. 스승은 엄하고 제자들은 공경하여 각자의 도리를 다해야 한다. 엄하다는 것은 서로 무섭게 대한다는 뜻이 아니고 공경한다는 것은 굴욕을 받는다는 뜻이 아니다. 예의 갖추어 실행하는 것을 중요하게 여기기 때문일 뿐이다.

스승과 제자 사이에서 예의를 갖추어 실행에 옮기는 모습은 결국 옷차림을 단정하게 하고 음식을 절도에 맞게 먹으며 몸을 굽혀 절하고 길을 비켜서며 만나려고 앞으로 나아가거나 헤어져 물러날 때에 예절에 벗어나지 않게 행동하는 것에 지나지 않는다.

옛사람들은 단 하루라도 예절을 실행하지 않으면 안 된다는 것을 잘 알고 있었다. 그래서 "예를 한 번 잃으면 오랑캐가 되고 두 번 잃으면 짐승과 같이 된다"고 말하였다. (10-56: 네 학교의 선생과 학생들에게 보낸 글)

퇴계 선생의 예절생활

선생의 평소 생활이 언제나 가지런하고 엄숙하기 때문에 겉으로 보기에 매우 의지가 굳고 꿋꿋해 보였다. 그래서 함부로 가까이 다가가서 말을 붙여보기 어려울 것만 같았다. 그러나 실제로 사람을 맞이할 때에는 따뜻하고 겸손하여 푸근한 기운이 돌았으며, 마음을 열어 이야기할 때에는 진심을 활짝 드러내 보였다. 그리고 겸손하게 묻기를 좋아하고 자신을 버리고 남을 따랐다. 누구에게든 조금이라도 좋은 점이 있으면 마치 스스로의 것인 양 좋아하였으며 스스로에게 조금이라도 잘못된 점이 있으면 비록 하찮은 사람이 지적할지라도 조금도 주저하지 않고 이를 고쳤다. (17-73: 정유일기록)

선생은 평소에 날이 밝기 전에 일어나서 이부자리를 거두어 정돈하고 세수하고 머리 빗고 옷과 관을 가지런히 갖추어 입고는 글방에 나가 무엇에도 기대지 않고 단정히 앉아서 글을 읽었다. 때로 조용히 앉아서 사색에 잠길 때에는 그 자세가 마치 깎아놓은 석고상 같았지만 배우는 사람들이 질문을 하면 탁 트이도록 자세하게 설명하여 아무런 의문이 남지 않도록 하였다.

젊은이나 어른들이 글방에 모여 여럿이 제멋대로 몸가짐을 흐트러뜨리고 있을지라도 그 선생은 반드시 몸을 거두어 단정하게 앉았으며 옷매무새를 단정히하고 말과 행동을 언제나 삼가서 하였다. 그래서 사람들이 모두 선생을 좋아하고 공경하였으며 감히 소홀히 대하지 못하였다. (17-74: 김성일기록)

선생은 사람을 대하거나 사물을 접할 때에 항상 그 경우에 마땅한 행동과 말을 절도있게 하였다. 만약 누군가 묻지 않아야 할 것을 묻거나 말하지 않아야 마땅한 말을 하면 반드시 얼굴빛을 바르게 할 뿐 대답하지 않았다. 그래서 사람들이 스스로 두려워하였고 남들의 허튼소

리가 선생의 귀에 들린 적이 없었다. (17-76: 김성일·이덕홍기록)

선생이 평소에 하는 말은 마치 입 밖으로 나오기 힘든 듯하였지만 학문을 논하는 논리는 시원스럽고 막힘이 없어서 의문 나는 것이 없었다.

몸은 마치 옷을 이기지 못하는 듯하였으나, 일을 처리함에는 꿋꿋하여 흔들림이 없었다. (17-77: 우성전기록)

조정에 벼슬살이할 때에는 조용히 자신을 지켜서 비록 잘 아는 사이라 할지라도 번거롭게 찾아가거나 맞아들이지 않았다. 그럼에도 선생을 따르거나 함께 사귀는 사람들은 모두 그 시대에 남들로부터 존경을 받는 사람들이었다. (17-78: 김성일기록)

선생은 가정을 다스리는 법도가 매우 엄하였지만 집안이 화목하였다. 형님을 섬기기를 마치 엄한 아버지를 섬기듯 하였고 가난한 친척을 구제하기 위해 힘을 다하였다. (17-81: 정유일기록)

선생은 일찍이 아랫사람을 꾸짖거나 욕하는 모습을 보인 적이 없었다. 만일 잘못하는 사람이 있으면 반드시 "이런 일은 마땅히 이렇게 하여야 할 것이다"라고 가르치되 그 말소리를 거칠게 바꾼 적이 없었다. (17-81: 우성전기록)

선생은 아들에게 주는 편지에서 다음과 같이 말하였다.

"어버이와 자식이 서로 딴 살림을 하는 것은 본래 바람직한 일이 아니다. 다만 너의 경우에는 자식들이 장성하여 혼인을 치르게 되었으나 모두 함께 살 수 있는 공간을 마련하지 못하여 어쩔 수 없이 이 문제가 생긴 것이다. 이제 억지로 같이 살면서 재산을 서로 구별하기보다는 차라리 따로 살면서도 재산을 함께 하던 옛사람들의 본래의 뜻을 잃지 않는 것이 낫지 않겠느냐?" (17-81: 집안 편지)

고향의 고을 사람들끼리 모이는 때에 둘러앉을 자리에 관하여 선생은 고금의 사례들을 이끌어대며 열성으로 주장하였다. "고을 모임에서의 좌석을 사회적 지위의 귀하고 천함에 따라 나누는 것은 잘못이다. 옛날의 방식대로 나이 순서에 따라 앉는 것이 마땅하다." (17-97: 이덕홍 기록)

선생은 사람을 대하는 것이 매우 관대하여 큰 잘못이 없는 사람이라면 딱 잘라 끊어버리지 않고 모두 받아들여 가르치면서 스스로 고쳐서 새로운 사람이 되기를 바랐다. (17-106: 김성일 기록)

선생은 손님을 맞아 식사를 할 때에는 언제나 스스로의 살림 형편에 따라 접대하였다. 아무리 귀한 손님이 찾아와도 형편에 맞지 않게 잘 차려내지 않았을 뿐만 아니라 아무리 사회적 신분이 낮거나 어린 사람일지라도 소홀하게 대접하지 않았다.

손님이 오면 언제나 술상을 차려 대접했는데, 반드시 사전에 집사람에게 알려 준비하게 하였지, 손님을 앞에 두고 술상을 차리라고 말한 적이 없었다. (17-108: 김성일 기록)

선생은 자기 아래에서 배우는 제자들을 대하기를 마치 벗을 대하듯

하였다. 비록 젊은이라 할지라도 이름을 부르거나 '너'라고 부르지 않았다. 맞이하고 보낼 때에는 여러 가지 준비를 잘해 주었으며 예절로 차려서 공경하게 하였고 만나서 자리에 앉으면 반드시 먼저 어버이의 안부를 물었다. (17-108: 김성일기록)

벗이 죽으면 아무리 멀더라도 반드시 자식이나 조카를 보내어 문상하게 하였느데, 제문을 지어주어서 제사를 올리게 하였다. (17-108: 김성일기록)

시냇가에 집 한 채 있으니
무엇을 더 바라랴

참다운 이익

백성이 살아감에 있어서 의지하는 바로는 재물보다 더 절실한 것이 없고 이해관계를 따져서 욕심을 내는 것으로도 재물보다 큰 것이 없습니다. 그러므로 이익의 참다운 뜻을 밝히려고 먼저 재물을 생산하는 도리를 말하여 올바른 도리와 이익과의 관계와 구별을 분명하게 하였습니다.

어떠한 일이든 물건이든 말할 것 없이 그것이 올바른 도리에 합치되어 순조롭고 편리해지는 것을 일러 참다운 이익이라 합니다. 한편 개인의 욕심에서 출발해 어느 한 측면의 이로움으로 치우쳐지는 것을 억지로 변명해 이익이라고 몰아가는 것은 억지 이익입니다. 참다운 이익과 억지 이익은 다른 것입니다. (9-213: 조기백의 대학질문에 대한 답한 편지)

어버이로서 자식 걱정

아들 준(寯)에게 이 편지를 준다.

네가 어버이를 봉양하려는 마음으로 말미암아 나에게 여러 가지 물건들을 보내왔구나. 그러나 이러한 물건들은 한 고을을 맡아 다스리는 네가 사적으로 어버이에게 보내와서는 매우 적당하지 않은 것들이다. 나는 처음부터 너의 고을에 번거로움을 끼치지 않으려는 뜻을 가지고 있는데, 네가 이렇게 물건들을 보내온다면 나의 마음이 어떠하겠느냐? 내가 속마음은 좋으면서 겉으로 꾸며서 말로만 이렇게 한다고 생각하느냐? 그렇지 않다.

참다운 효도는 어버이의 뜻에 순종하는 것이라고 옛 사람이 말한 것을 너는 생각하지 않느냐? 다음부터는 나의 뜻을 자세히 살펴주기를 바란다. (13-183: 아들 준에게 준 편지)

준아, 네가 제사에 쓰라고 보내온 쌀을 받고 답한다.

심한 가뭄에 비가 조금 왔으나 온 것 같지도 않구나. 올 가을 추수도 기대하기 어렵겠다. 백성들이 심하게 가난에 시달리면 관리라 하여 저홀로 곤궁하지 않을 수 있겠느냐? 제사 쌀을 다음 제사에는 보내오지 않는 것이 좋겠다. 아무리 조상을 위한 일이라도 도리를 어기며 억지로 할 수는 없기 때문이다.

내가 여러 번 이런 말을 하는 것은 다름이 아니라 네가 혹시라도 고을을 망쳤다는 허물을 듣지나 않을까 걱정이 되어 그러는 것이다.

그리고 민물고기니 은어니 하는 것들을 자주 보내오는데, 이것 역시 아랫사람들을 지나치게 고생시킬 우려가 있을 터이므로 잘 헤아려서 정

도에 지나치지 않도록 해라. (19-222: 아들 준에게 답한 편지)

가난을 참으며 순리대로 살아라

아들 준아, 네가 보내온 편지에 나는 다음과 같이 답한다.

네가 처가에 얹혀살고 있는 것은 어디까지나 좋은 일이 아니다. 그러나 내가 살림 형편이 어려워서 어떠한 도움도 못 주고 몇 년이 지나갔구나. 이제 너의 형편이 더욱 어려워졌다니 참으로 안타깝구나.

그러나 가난함은 선비라면 흔히 당하는 일이니 마음에 담아둬서는 안 될 것이다. 너의 아비가 지금까지 살아오면서 이 때문에 남의 비웃음을 산 적이 많았으니, 너라고 다를 수 있겠느냐? 다만 굳게 참으면서 모든 일을 도리에 따라서 대처하고 스스로의 인격을 닦으며 천명을 기다릴 수밖에 없는 일이다. (19-193: 아들 준에게 답한 편지)

밭을 사는 일

벼슬 못하는 사람으로서 농사를 짓기 위해 밭을 사는 것은 본래 잘못된 도리가 아닙니다. 그러나 그 밭의 가격을 메김에 있어 비싸지도 헐하지도 않게 공평하도록 정하는 것이 도리일 것이고 조금이라도 자기에게는 이득이 되고 남에게는 손해가 되게 하려는 마음이 있어서는 안 됩니다. 올바른 도리인지 나만의 이익인지 엄격히 구분해야 겨우 소인을 면하고 군자가 되는 것이지 반드시 밭을 사지 않는다는 것만으로 고상하게 생각할 것은 아닙니다. (7-49: 정자중에게 답한 편지)

퇴계 선생의 검소함과 이웃사랑

선생께서는 농사나 누에치기 같은 집안 일들의 때를 놓친 적이 없었으며 수입을 헤아려 지출하고 갑작스러운 쓰임에 미리 대비하셨다. 집이 원래 가난하여 자주 끼니를 걸렸으며, 집안이 쓸쓸하여 비바람을 가릴 수 없어서 사람들이 견뎌내기 어려웠으나 스스로는 너그러운 듯 사셨다. (17-84: 이덕홍기록)

선생께서는 본래 검소함을 좋아하셨다. 흙으로 구운 그릇으로 세수하고 부들로 만든 자리에 앉았으며 베옷에 끈으로 된 띠를 메고 칡으로 엮은 신발에 대지팡이를 짚을 정도로 담박하셨다. 계상서당이 매우 작아서 모진 추위와 무더운 날의 비를 견디기 어려웠건만 너그러운 듯 그곳에 사셨다. 언젠가 영천군수가 찾아뵙고는 "이처럼 비좁고 누추한 곳에 어떻게 사십니까?" 하였더니, 선생께서는 "천천히 오랫동안 습관되어 못 느끼겠습니다"라고 답하였다. (17-84: 김성일기록)

선생께서 서울에 계실 때에 가마 타기를 좋아하지 아니하여, 심지어 궁궐로 들어가 임금을 뵙는 날에도 말이 없으면 남의 말을 잠시 빌려 탈지언정 수레를 타지 않았다. (17-85: 우성전기록)

선생은 1521년에 부인 허씨를 맞이하였는데, 부인의 집이 자못 부유하여 부인의 농토가 영주군에 자못 많이 있었다. 그런데 고향 토계에는 겨우 토박한 밭 몇 마지기가 있을 뿐이었음에도 불구하고 끝내 영주에 가서 사시지 않았다.

또한 선생께서 가끔 영주에 가는 일이 있었지만 언제나 여윈 당신의 말을 타셨다. 처가에 비록 살찐 말이 있었지만 그것을 탄 적이 없었다.
(17-85: 이안도기록)

명예직이지만 중추부中樞府 지사나 판사 벼슬이 있었음에도 선생께서 고향에 살 때에 부역이나 세금이 나오면 반드시 남보다 먼저 바쳤으며 그 기한을 넘긴 적이 없었다. 그래서 아전들도 선생의 집이 높은 벼슬자리에 있는 사람의 집이란 것을 몰랐다. (17-95: 김성일기록)

선생의 논이 있는 지역으로 관개용수를 공급하기 위해 시냇물을 10리 밖에서 이끌어 왔다. 물은 적고 물 대어줄 지역은 넓어 물꼬로부터 멀리 떨어진 곳은 가뭄에도 땅을 적셔 줄 수 없었다. 해를 거듭해서 수확을 내지 못하는 농토가 많았다.

선생은 스스로의 논을 밭으로 바꾸면서 말하였다.

"우리 논이 상류에 있기 때문에 이런 일이 생긴다. 나는 비록 마른 밭으로 사용해 먹고 살 수 있지만 저들은 논을 적셔주지 않으면 안되는 처지이다." (17-97: 이덕홍기록)

시냇가에 집 한 채 있으니 무엇을 더 바라랴

나는 어린 나이에 일찍 도학道學에 뜻은 가질 수 있었으나 그 방법을 몰라 무작정 힘만 썼다. 지나침이 너무 심해 야위고 파리해지는 병을 얻었었습니다. 그 뒤로도 이끌어 줄 사람이 전혀 없었습니다. 친구 중에는 우선 눈앞에서 사람의 비위를 맞추기 좋아하는 사람들이 있어 잘못된 방향으로 부추기기도 하였습니다. 그래서 그만 이 길을 멀리 내쳐버리게 되었고 뜻밖에 세상 벼슬살이에 발이 빠졌습니다. 시대의 풍속을 따르는 일에 정신이 팔리다 보니 깨닫지 못하는 사이에 수십 년 세월이 흘러가 버렸습니다. 뒤돌아보면 아득하기만 하여 몸을 어루만지며 크게 한숨짓지만 어찌할 수 없고 부끄럽기만 할 뿐입니다.

다행히도 죽기 전에 몸을 거두어 본래의 분수에 맞는 상태로 돌아서 옛책에서 실마리를 찾으니 때때로 나의 뜻에 맞는 곳을 찾을 수 있어 기쁜 나머지 밥 먹는 것도 잊어버립니다.

시냇가에 몇 칸 집을 얽게 되었으니, 지금부터 죽을 때까지 묵묵히 앉아 고요히 살피면서 남은 생애를 보내고자 기약합니다.

혹시나 우주의 진리가, 그 길이, 크게 밝아진 나머지 조그만 틈 사이로 새어나오는 빛이 있어 그것이나마 내가 하늘의 신령함에 힘입어서 엿볼 수 있다면 나의 소원을 다하게 될 것입니다. 그렇다면 못난 선비의 모자라는 처지로는 다행 아니겠습니까? 다른 것이야 무엇을 더 말할 것이 있겠습니까? (6-257: 조사경에게 답한 편지)

배움은
큰 즐거움이다

서원을 키워야 합니다

중국의 예를 살펴보면, 서울에서부터 시골에 이르기까지 학교가 없는 곳이 없었음에도 불구하고 서원을 저렇게 숭상한 것은 무엇 때문이겠습니까? 숨어살며 뜻을 구하는 선비나 도를 말하고 학업을 익히는 사람들은 대부분 세상에서 시끄럽게 다투는 것을 싫어하여 책을 짊어지고 넓고 한가한 들판이나 고요한 물가로 몸을 피합니다. 그리고는 옛 성인 임금들의 도를 노래하고 고요히 세상의 의리를 살피면서 덕을 쌓고 어짊을 익히며 그것으로써 즐거움을 삼고자 기꺼이 서원에 나가는 것입니다. 나라에서 세운 학교나 향교가 사람이 많이 모이는 성 안에 있어서 앞으로는 규칙에 얽매이고 뒤로는 공부 이외 일에 마음이 옮겨가고 있습니다. 이것과 저것을 비교해 볼 때, 그 보람과 효과를 어찌 같이 말할 수 있겠습니까? 이러한 관점에서 말한다면, 다만 선비가 학문하는 경우 서원으로부터 힘을 얻을 수 있을 뿐만 아니라 나라에서 어진 이를 얻기 위해서도 서원이 나라와 지방 학교보다 나을 것입니다. 옛날 현명한 임금은 그 까닭을 알았습니다.

그래서 임금의 명령으로 여러 서원에 편액을 내려주고 은혜를 베풀어 영화롭게 했습니다. 이로써 중국 선비의 풍조가 아름다운 것은 오직 선비들 스스로가 아름답게 만들었을 뿐만 아니라 위에서 배양해준 때문이었다고 할 수 있습니다. 현재 우리나라에서 가르침을 여는 방법은 한결같이 중국 제도를 따라 안으로는 성균관에 딸린 동서남북 네 학교가 있고 밖으로는 향교가 있으니, 아름답다고 할 수 있습니다. 그렇지만 서원의 설치에 대해서는 아직까지 듣지 못했으니 이는 곧 우리나라에 크게 부족한 것 중 하나입니다.

주세붕 군수가 처음 서원을 건립하는 것을 보고 세상의 속된 사람들은 이상하다고 생각하였으나 그럴수록 주 군수의 뜻은 더욱 굳고 성실해져, 뭇사람들의 비웃음과 헐뜯음을 무릅쓰고 이같이 전에 없던 큰일을 이룩하였습니다. 이는 어쩌면 우리나라에도 서원의 교육을 일으키려는 하늘의 뜻이 아니겠습니까? 비록 그렇기는 하지만 제가 가만히 생각해 보니, 가르침은 반드시 위에서부터 아래로 사무치게 된 뒤에야 그 근본이 서게 되어 멀리 오래 갈 수가 있을 것입니다. 그렇지 않으면 마치 근원 없는 물이 아침에 가득했다가 저녁에는 없어지는 것과 같을 것이니 어찌 오래 갈 수 있겠습니까? 위에서 이끌면 아래에서 따르게 되며 임금께서 숭상하면 한 나라가 우러르게 되는 것입니다. 지금 주 군수가 만든 것은 참으로 훌륭하고 위대하지만 역시 한 군수가 한 것일 뿐, 임금의 명을 얻지 못한 일에 지나지 않고 이곳에 모신 안향 공의 업적도 국사에 실리지 않았습니다. 그렇기 때문에 사방의 많은 사람들에게 알려지고 뭇사람들이 의심을 하지 않으며 온 나라에서 본받아 영구히 전하게 되어야 할 일이면서도 그렇게 되지 못할 염려가 있습니다.

서적과 편액을 내려주시고 토지와 일할 사람을 딸려 주시어 그 힘을 넉넉하게 하시옵소서. 그러하되 또한 감사와 군수로 하여금 선비 기르는 방책이나 공급하는 물건만 감독하게 하시고 가혹한 법령이나 번거로운 조복에 얽매이지 않게 해주십시오. 이렇게 하면 서원은 한 고을 한 도의 교육장소에 그치는 것이 아니라 한 나라의 교육 장소로 될 것입니다. 그 가르침이 임금에게 근원을 두기 때문에 선비들이 와서 공부하기를 즐거워하고 오래도록 전해질 뿐만 아니라 사방에서 기쁜 마음으로 앞다투어 본받아서 혹은 조정의 명으로 혹은 사사로이 서원을 세울 것입니다. 그래서 책 읽고 학문하는 곳이 되어 우리 임금께서 백성이 학문을 높이 여기는 마음을 갖게 하고 인재 기르기를 즐거워하는 큰 뜻이 훌륭히 퍼질 것입니다.

제가 살피건대 지금 나라의 학교는 참으로 어진 선비가 맡고 있으나 지방의 향교 같은 것은 다만 이름만 갖췄을 뿐입니다. 가르치는 방법이 크게 무너져 선비들이 그곳에서 공부하는 것을 도리어 부끄럽게 여기고 그 병폐가 매우 심하여 구할 방법이 없을 정도로 한심한 상태입니다. 오직 서원의 교육이 힘차게 일어난다면 이제 교육 정책의 부족한 부분을 구제할 기회가 생기어 배우는 사람이 돌아가 몸담을 곳이 있게 되고 선비의 풍조가 크게 좋아질 것입니다. 그래서 사회 풍속이 아름다워지고 임금의 뜻이 백성들에게 이루어질 수 있을 것이니, 임금님의 정치에 작은 보탬만은 아닐 것입니다.

또한 서원에는 가르침을 관장할 스승이 있어야 합니다. 이는 모름지기 여유 시간이 많은 사람 중에서 가려 뽑되 그 재주와 덕망이 남보다 뛰어나고 한 시대의 모범된 사람이어야 합니다. 다만 그 이름만 훔치는 사람을 앉힌다면 지금의 교수나 훈도訓導로서 제 할 일을 감당하지 못하는 자와 다름이 없어서 반드시 뜻있는 선비가 뒤돌아보지도 않고 떠날 것이니, 도리어 서원에 손상만 입힐 것입니다. (4-13-21: 심방백에게 올리는 글)

선비를 양성하는 일

성주 목사인 공이 정치를 잘한다고 이름이 났으며 서원을 설립하여 선비를 양성하는 자랑스런 일을 하고 있다고 편지가 왔습니다. 이 편지를 보니 공을 그리워하는 마음과 선비로서의 기개가 솟구칩니다. 그러한 일은 우리나라에서는 요사이 처음 보는 것이어서 매우 잘하는 일로 여겨야 할 것입니다. 그럼에도 불구하고 별난 일로 여겨 안전한 자리나 엿보는 사람들이 대부분 그 책임을 맡으려고 아니합니다. 이번에 공이 영봉서원을 지어 용감하게 그 책임지고 큰 일을 시작하였으니, 우리 학문을 위해 다행스러움을 무어라고 이루 다 말할 수가 없습니다. (4-213: 노인보에게 답한 편지)

학자의 병

일 벌이기를 좋아하여 조용히 있지 못하는 버릇이나 이상한 것을 내세워 명성을 얻으려는 병이 학자에게 있으면 세상사람들이 조금도 용서 없이 무섭게 꾸짖는 법입니다. 그런데 오늘날 이른바 학문에 뜻을 두었다는 사람들을 자세히 보면, 학문에서 무엇인가 얻은 것이 있기도 전에 벌써 이러한 버릇과 병에 빠져드는 사람이 과연 많이 있습니다. 이는 이 제부터라도 배우는 사람들이 깊이 조심해 그렇게 하지 말아야 할 것입니다. (4-295: 송과우에게 답한 편지)

가르치고 배우는 법

옛 임금들이 사람을 가르쳐서 사회를 순화시킬 때에는 그 가르침에 순서가 있었고 배운 것을 실천하는 쪽으로 힘을 쏟았습니다. 나라를 다스리는 방법은 양심을 보존하는 것이 다스림의 근본이라 말했을 뿐이고 제도와 문장에 대해서는 말하지 않았습니다.

사람을 가르치기 위해서는 넓은 지식과 진리의 깊은 이해와 두터운 실천을 갖춘 선비가 필요합니다. 그리고 진리는 정밀하고 조잡함이 없지만 배우는 일은 조잡한 것에서 시작하여 정밀한 것을 얻게 됩니다. 가르치는 말은 아래위로 통하지만 배우는 순서는 아래로 사람의 일을 배우며 위로 통해 올라갑니다. 마치 뭇 사람이 강물에서 저마다 마실 수 있는 양을 채우는 것처럼, 하늘의 진리에 이르게 됩니다. 이렇게 가르치면 높은 경우는 성현이 되고 낮더라도 착한 선비는 됩니다.

높이 오르기 위해서는 반드시 낮은 곳에서부터 시작하고 멀리 가기 위해서는 반드시 가까운 곳에서부터 시작합니다. 낮고 가까운 곳에서부터 시작하는 것이 참으로 더딘 것 같지만 이렇게 하지 않고서 어찌 높고 먼 곳으로 나갈 수 있겠습니까? 온 힘을 다해 차츰차츰 나가면 이른바 높고 멀다고 하는 것이 낮고 가까운 것과 떨어져 있지 아니함을 깨닫게 될 것입니다.

지금 한 발도 들어올리지 못하는데 갑자기 높은 곳으로 올라가라고 꾸짖거나 아직 수레바퀴가 구르기도 전에 멀리 나가기를 바라서는 성공할 수 없습니다. 아아! 오늘날 성인의 글을 공부한다는 선비들 중 글짓는 재주로 출세한 무리중에는 도학道學이라는 두 글자를 쓸바귀같이 보는 경우가 많습니다. 참다운 말과 글은 한마디도 못하면서 버젓이 스스로 잘난 척하는 것이 현실입니다. (6-59~63: 백록동규집해를 논한 편지)

가정 생활

옛사람들은 학문을 함에 있어 반드시 부모에 대한 효도, 형제간의 우애, 나라에 대한 충성, 벗과의 신의에 근본을 두었습니다. 그런 다음 세상 모든 일도 본성을 다하고 생명을 다했습니다. 그러므로 학문을 함에 있어 가장 먼저 할 일은 뭐니뭐니해도 가정에서 일어나는 일을 잘 처리하는 것입니다.

그런데 지금 집안 일을 돌보게 됨으로써 학문에 힘을 잘 쏟을 수 없게 된다니, 이는 옛사람들의 말과 다르게 되는 것이 아닙니까? 만약 그렇다면 집안 일을 돌보는 내용이 혹시 올바른 도리는 가볍게 보고 오직 재산을 경영하는 데에만 기울어지기 때문에 차츰 얽매여들고 있는 것이 아닙니까?

바라건대 그 맡은 처지를 고치려 하지 말고 처리하고 있는 일의 내용을 고치십시오. 그렇게 하여 어버이를 받들어 모시는 일에 있어 뜻을 잘 따르며 즐거워하시도록 오직 올바른 도리를 다한다면 재산을 경영하

는 일도 저절로 그 안에서 이루어질 것입니다. (7-30: 정자중에게 답한 편지)

과장하여 빛내려 하지 마라

오늘날 여러 사람들은 자기가 속하는 스승의 학문을 지극히 높이 올리기에만 힘쓸 뿐입니다. 그것이 걸맞는지 걸맞지 않은지는 논하지 않은 채 그냥 세상에 과장하여 빛내려고만 합니다. 사람들의 마음 씀씀이가 공평하지 못한 것이 이와 같습니다. 그러나 일반사람들도 오히려 속일 수 없거늘 하물며 어찌 뒷날 안목을 갖추고 참과 거짓을 꿰뚫어 볼 수 있는 사람을 속일 수 있겠습니까? 이는 매우 두려워할 만한 일입니다.

주자는 스승인 연평延平의 말일지라도 조금이라도 잘못이 있으면 억지로 비틀며 감싸지 않았습니다. (5-40: 남시보에게 답한 편지)

서원과 선비의 귀함

국립학교와 향교는 법령의 얽매임을 받기 때문에 서원만큼 어진 이를 높이고 진리를 연구하는 아름다움에 전념할 수 없습니다. 그래서 선비로서 서원에 와서 노니는 사람이 비록 과거를 보는 학문의 티끌을 털어버리지 못하거나 또는 진리를 연구하는 방도를 아직 깨닫지 못하였다 할지라도 도의를 높이고 예절과 겸양을 존중할 줄 알게 되어 보기에도 훌륭하게 인격 높은 선비다운 모습을 익힙니다.

이것이 바로 서원이 귀한 까닭이며 서원에 들어온 선비를 영예롭게 생각하는 것입니다. 이제 옛것을 회복하여 새롭게 시작하는 때에 먼 곳의 이름난 선비들이 약속하지 않고도 함께 모였습니다. 그러니 마땅히 그 몸가짐을 무겁게 하여 뭇 선비들에 앞서서 행동을 다잡고 서원의 기풍을 아름답게 해야 서원을 세운 뜻을 잃지 않고 우리 학문이 힘을 얻게 될 것입니다.

또한 도의와 벼슬은 어느 것이 귀하고 어느 것이 천하며, 어느 것이 무겁고 어느 것이 가벼운 것입니까? 옛 선비들은 참으로 남의 위세와 지위 앞에 굽히지 않았습니다. 그 이유는 "저 편이 자신의 권력과 부유함으로써 한다면 나는 나의 어짊과 올바름으로써 한다"는 생각이며 "저편에 있는 것은 어느 것이나 내가 스스로 취하지 않는 것이고 나에게 있는 것은 예로부터 내려오는 도이다"라고 생각하는 것에 있을 뿐입니다. 어찌 저편 사람을 능멸하고 그 의관을 모욕하는 말이겠습니까? 무릇 부러워하고 우러러보지 않으며 존경하거나 섬겨 따르지 않으면, 내가 저편에게 스스로 행실을 잃지는 않을 것입니다. 저편의 세력을 빌리지 않고 저편에서 가진 것을 탐내지 않으면, 저편이 나에게 무엇을 어쩔 수 없는 것입니다. 그래서 하찮은 한 사나이로서 천자를 벗하여도 분수에 넘치지 않고 임금이나 높은 벼슬아치로서 보통 백성에게 자신을 낮추어도 치욕이 되지 않는 것입니다. 이것이 선비가 귀하고 공경받을 수 있는 까닭이며 절개와 의리라는 말이 이루어질 수 있는 까닭입니다. (4-255: 풍기군수에게 주려던 글)

성현을 모시고 받듦

어떤 형태이든 학교를 설립하는 목적은 양심을 보존하고 본성을 기르는 학문을 위한 것이 아니라고 할 사람이 없을 것입니다. 특히 서원의 경우는 학문을 위한 것이므로 성현을 모셔 받들고 제사지내려 할 때에는 역시 그 학문을 한 분을 위주로 찾는 것이 좋을 것입니다. (4-219: 노인보에게 답한 글)

요행을 기뻐하지 말아라

나의 재능이 실제로 우월하더라도 남의 밑에 놓이는 대우를 받는 것은 해로울 것이 없다. 그러나 만에 하나 나의 재능이 보잘 것 없고 뒤떨어짐에도 불구하고 요행으로 높은 자리에 오르게 된다면, 이는 기뻐할 일이 아니다.

학업하는데 이같은 마음가짐으로 노력해야 마땅하다. (19-199: 아들 준에게 답한 편지)

납작 바위

흙탕물 넘쳐흐를 땐 얼굴 문득 숨기더니
물길 잔잔해지자 비로소 분명하구나.
센 물결에 휘덮여서 이렇듯 불쌍하건만
아득한 예로부터 납작바위는 넘어지는 일 없구나. (2-55)

날마다 노력함

날마다 생활속에서 생기는 일과 물건을 맞이하여 처리함에 있어 언제나 일마다 하나하나 나의 행동과 조치가 이치에 맞는지 맞지 않는지를 점검해야 합니다. 이치에 맞으면 더욱 힘쓰고 이치에 맞지 않으면 빨리 고쳐야 합니다. 만일 몸소 실행하고 마음으로 터득하는 쪽으로 언제나 삼가고 두려워해야 할 것이고 게으르거나 소홀하거나 제멋대로 하지 말아야 합니다.

그러면 마음은 겸손해지려고 애쓰지 않아도 저절로 겸손하게 되고 행실은 성실하려고 애쓰지 않아도 저절로 성실하게 되며 말은 좀 더 참아가면서 하려고 애쓰지 않아도 저절로 참아가면서 하게 될 것입니다. 그래서 지난 날에 행했던 터무니없고 과장된 말과 일을 돌이켜보고 그것이 한낱 마음이 제자리를 못 지켰거나 어긋났었던 것에 지나지 않았던 것임을 깨닫게 될 것입니다.

스스로 뉘우치고 스스로 부끄러워할 것이니 그렇게 하라고 권할지라도 다시 그렇게 할 수가 없을 것입니다. 만일 내 의견이 사실과 다르다고 생각해 이와 같은 걱정거리를 털어버리지 않고 이러한 습관을 고치지 않는다면, 그대가 비록 이름으로는 나와 더불어 함께 학문한다고 되어 있을지라도 오히려 저 배우지 않은 사람들이 분수를 지키며 다른 잘못 없이 살아가는 것보다 못할 것입니다. (7-356: 김이정에게 답한 편지)

앎과 실천

폭넓게 배우고 깊이 있게 묻고 신중히 생각하고 밝게 판단하여 사물을 과학적으로 분석 관찰함으로써 사물 속에 담겨 있는 지극한 이치를 알게 된다면, 우주의 진리도 밝아지지 않을 수 없어서 그 학술이 아주 자세하고 깊은 곳에 이르게 될 것입니다. 충성됨과 미더움을 지니고 말을 하며 두터움과 경건함 속에서 행동함을 주로 하여 몸을 닦으며 분노를 다스리고 욕심을 틀어막아서 날마다 선함으로 옮겨가고 허물 고치기를 더한다면, 행실이 두텁고 참되지 않을 수 없을 것입니다.

그 생각과 헤아림이 조급하거나 잡스럽게 되지 않고 그 행동이 엎어지고 자빠지게 되지는 않을 것입니다. 정의로써 도리를 밝히되 일이나 물건을 맞이하게 될 때에 남의 행동을 너그럽게 이해하는 마음을 가지고 스스로를 돌이켜 살핀다면, 그 두텁고 참된 행동이 일과 물건에 반영됩니다. 그 일과 물건의 처리가 들뜨거나 망령될 염려가 없을 뿐 아니라 대충대충 소홀하게 넘어갈 걱정도 없어질 것입니다. 내가 비록 이와 같이 알고는 있으나 실행에 옮기지 못하고 있습니다. 지금부터라도 서로 밤낮으로 함께 힘써야 되겠습니다. (7-318: 김이정에게 답한 편지)

일상생활에서 익힘

처음 배우는 사람들이 일상생활에서 흘러넘치는 이치를 버리고 갑자기 높고 멀며 깊고 크기만 한 곳에 매달려 지름길로 가서 그것을 얻으려고 합니다. 그러나 그것은 이름난 현인도 못한 일인데 어찌 우리 같은 사람들이 할 수 있겠습니까? 이것이 바로 쓸데없이 추구하고 찾는 수고로울 뿐, 실제로 행하는 데에 있어서는 망망하기만 하여 발판으로 삼을 만한 실제적인 근거가 없게 되는 이유입니다. 이 도리는 오로지 일상생활에서 익숙히 행하는 데 있는 것입니다. (5-33: 남시보에게 답한 편지)

입으로 학문하지 마라

요사이 어느 고명한 분의 편지를 받아 보니, "요즈음 배우는 사람들이 손으로는 물 뿌리고 빗자루로 쓸어내는 가장 기초적인 수신修身 절차도 모르면서 입으로는 우주의 진리를 늘어놓으며 명성을 도둑질하여 다른 사람들을 속이려 하다가 도리어 다른 사람들로부터 누명을 뒤집어쓰거나 헐뜯음을 당합니다. 그리곤 그 피해가 다른 사람에서 다른 사람으로 번져나가게 됩니다. 이것이 어찌 선생이나 사회의 어른들이 꾸짖어 말리지 않은 때문이 아니겠습니까? 충분하도록 그들을 말리시고 타일러 조심하도록 깨우쳐 주십시오"라고 했습니다.

우리는 이러한 면을 스스로 뼈저리게 경계하고 조심하지 않을 수 없습니다. (9-54: 이광중에게 답한 편지의 별지)

지식과 실천은 수레의 두 바퀴…

지식과 실천 두 가지는 수레의 두 바퀴나 새의 두 날개와 같다고 생각합니다. 성현은 지식을 먼저 말하고 실천을 뒤에 말한 경우도 있고 실천을 먼저 말하고 지식을 뒤에 말한 경우도 있습니다. 그러나 지식을 먼저 말한 경우라 할지라도 지식을 다한 뒤에 비로소 실천하라는 뜻이 아니고 실천을 먼저 말한 경우일지라도 실천을 다 끝낸 다음에 비로소 지식을 얻으라는 것이 아닙니다. 서로 힘을 입으면서 서로 앞으로 나아가는 것입니다. (6-172: 이강이의 질문에 답한 편지)

학문을 실천에 옮겨라

편지에 말씀하신 '학문을 실천에 옮기지 못하면 비록 아는 것이 좀 있더라도 무엇이 귀하겠습니까?'라는 말은 참으로 깊이 와닿는 말입니다. 특히 『주역』을 읽을 때에 이같이 하기를 소홀히 한다면 점점 올바른 도리와는 관계가 없어져 날로 멀어지고 말 것입니다. 매우 두려워할 일입니다. (7-85: 정자중에게 답한 편지)

뜻을 세워라

뜻을 세우지 않는다는 것은 선비에게 있어서 있을 수 없는 병통이 됩니다. 만약 뜻이 성실하고 두텁다면 어찌 학문이 지극하지 못하다거나 진리를 듣기 어려울까 걱정하겠습니까? (7-29: 정유일에게 답한 편지)

학문의 의지

그대는 비록 나이는 젊지만 능력이 있으며 학문을 하고자 하는 정열과 두터운 의지가 누구보다도 뛰어나서 자기만 못한 사람에게도 묻기를 부끄러워하지 않으니, 그 실력의 깊이를 헤아리기 어려울 정도인 줄 압니다. 그러나 우리 학문의 일은 서둘러 쉽게 생각한 나머지 소홀히 해서도 안 될 뿐 아니라 어렵다고 생각하여 용기를 잃어서도 안되는 것입니다. 오직 옳고 그름과 헐뜯고 칭찬함과 잘하고 잘못함에 대해서는 일체 생각을 끊어버리고 용감하게 앞으로만 나아가면 어느 정도 이룰 수 있을 것입니다. (7-251: 김돈서에게 답한 편지)

시 짓기

그대가 지은 시 여러 편은 생동감이 넘치고 매우 아름다웠습니다만 우려할 만한 점도 있다고 생각되었습니다. 무릇 시라는 것이 학문 전체에 있어 끝가지에 해당하는 예능이긴 합니다. 그렇지만 사람의 본성과 정서에 뿌리를 두고 있어 바탕과 인품을 반영하고 있어 쉽게 생각할 수 있는 것이 아닙니다. 그런데 그대는 그저 많이 지은 것만 자랑하고 화려함을 다투며 기상이 높음을 뽐내어 남에게 이기기를 좋아하므로 그 말들이 때로 제멋대로이거나 거짓된 점이 많으므로 그 뜻이 때로 조촐하지 못하고 너저분하게 되었습니다. 이러한 문제에 조금도 주의하지 않고 그저 입에서 나오는 대로 붓이 가는 대로 어지러이 막 써내려 갔으니, 비록 한때 유쾌함을 얻을 수는 있겠지만 만세토록 전하기에는 어려움이 있을 것입니다. 나아가서 이런 태도를 잘하는 것이라 생각하여 습관되면, 말을 삼가며 흩어진 마음을 거두어 들여야 하는 학문의 도리에 오히려 방해가 될 것이니, 깊이 경계해야 합니다. (9-11: 정자정에게 준 편지)

책을 쓰는 일

이 책의 핵심은 오직 학문을 주로 하는 것입니다. 배우는 사람으로서는 모름지기 먼저 몸과 마음을 거두어잡고 냉정한 의지로써 쓰라린 공부를 이 책에 쏟아넣어야 합니다. 오랫동안 끊임없이 뚫고 갈고 씹어 삼킨다면, 그제야 비로소 그 참다운 맛이 얼마나 즐거운지 알고 힘을 얻게 됩니다. 만약 그렇지 못하다면, 이미 과거 시험을 보는 것만큼 이로운 점도 없을 뿐만 아니라 시간을 다투는 필요성도 찾지 못할 것입니다. 더구나 오늘날 사람들이 하는 학문은 글자를 풀이하고 외우는데 깊이 빠지지 않으면 문장을 아름답게 꾸미는데 정신이 홀려 있을 따름이니, 어느 누가 이 책에 머리를 숙이고 마음을 다스려서 창자 속의 속된 기운을 확 씻어버리고 일반사람들이 맛보지 못한 것을 이 책에서 능히 맛볼 수 있겠습니까? 그런 사람이 몇이나 되겠습니까? 비록 이 책이 출판된다 할지라도 그러한 사람들은 읽으려 하지 않을 터인데, 어쩔 수 없는 일이겠지요.

무릇 인격자가 옛분들을 본받아 옛것을 책으로 써서 뒷세상에 남기는 것은 다만 진리를 힘껏 밝혀서 아는 사람은 알고 즐기는 사람은 즐길 때를 기다릴 따름이지, 세상 사람들이 좋아하거나 싫어하는 것에 맞추어 내용을 가려뽑거나 내버리거나 해서는 안될 것입니다. 만약 시대의 좋아함을 따르며 사람들의 칭찬이나 바라서 그 글이 세상에 나왔다는 것만으로 다행이라고 생각한다면, 그것이야말로 성현의 말씀을 욕되게 하고 진리를 더럽히는 것이 아니겠습니까? (6-44: 황중거에게 답한 편지의 별지)

그 책이 훌륭하지 않다고 생각하는 것이 아니라 훌륭한 가운데 부족한 부분이 있기 때문에 반드시 고쳐서 모든 것이 훌륭하게 되어야 후세에 전할 수 있겠다고 하는 것입니다. 고치고 고치고 또 고치기를 죽을 때까지 함으로써 그 책이 나오자 하늘과 땅 사이에 세워도 자연의 진리에 어긋나지 아니하고 귀신에게 물어보아도 의심스러운 점이 없으며 몇천 년 뒤의 성인도 의심하지 않을 수 있도록 되어야 하겠습니다. 이것이 어찌 하루아침에 갑자기 글을 써서 될 수 있는 것이겠습니까? (4-242: 박택지에게 준 편지)

개혁의 어려움

일찍이 장재張載* 선생께서 말하였습니다. "학문이 지극하지 못하면서 개혁하는 것을 말하기 좋아하는 사람은 마침내 근심거리가 생기기 마련이다."

섭평암葉平巖*도 말하였습니다. "무엇을 바꾼다는 것은 어떤 형편에 따라서 그에 알맞도록 고치는 것이다. 그러나 진리나 도리를 살핌이 밝지 못하고 일을 마름질하여 처리하는 능력이 정밀하지 못한 사람은 그 일에 참여할 수가 없다." (8-199: 김사순의 질문에 답한 편지)

학문을 말함

탁한 흐름 덕을 어지럽히되 그 형세 도도하여
아득히 끊긴 실마리는 찾기조차 어려워라.
오로지 윤리 지켜 지극한 진리 밝히고
다시금 본성과 정서 다스려 양심을 보존하리라.
지게미를 알아야 묘한 경지도 전할 수 있으며
어느 것이 더 맛 깊은지 가리리라.
다만 이 산골에 벗 없음을 한하면서

---

* 장재: 1020~1077. 중국 북송시대 섬서성 황거진에서 태어났다. 자는 자후子厚, 호는 횡거橫渠이며 북송시대를 대표하는 여섯 도학자 중 한 사람이다.
* 섭평암: 송나라 복건성 소무邵武 사람으로 이름은 채采, 자는 중규仲圭. 저술로 『근사록집해』가 있다.

종일토록 서재에서 홀로 조심하고 있노라. (2-69)

마음의 병

학자의 마음에 생기는 병은 진리를 투철하게 살피지 못해서 허공을 뚫고 들어가 무엇인가를 억지로 찾으려 하거나 마음을 잡는 요령이 방향을 잃어서 억지로 싹을 뽑아올려 자라남을 돕겠다는 데 있습니다. 그래서 자기도 모르는 사이에 마음을 고달프게 하고 기운을 다 써버려서 병을 일으키게 됩니다.

그러한 낌새가 있음을 일찍 알아차려 속히 스스로를 고쳐나가면 아무런 근심도 없지만, 스스로 고쳐나가지 못하기 때문에 마침내 병이 깊어지는 것입니다.

그대가 지금까지 학문한 것을 보면, 이치를 파고 들어감에 있어 너무 캄캄하고 깊어 아득하고 오묘한 지경에까지 빠져들었고, 힘써 실천함에 있어 지나친 자부심으로 급히 성과를 내려고 서두르는 경향이 있었습니다. 그래서 위와 같은 병의 뿌리가 생기고 게다가 여러 가지 근심 걱정이 더해져서 점점 병이 깊어진 것입니다.

제일 먼저 세상살이의 곤궁함이니 통달함이니 잘잘못이니 영광과 욕됨이니, 이해관계니 하는 것들 일체를 밀어내어 버려서 마음에 두지 말고 이 마음의 본 모습을 힘써 터득하게 된다면 아마도 열의 다섯 일곱은 걱정이 사라질 것입니다. 나아가서 모든 일상 생활에서 남들과 주거니 받거니 하는 일을 적게 하고 특별히 좋아하는 것에 마음을 빼앗기는 정도를 절제하여, 마음을 비우고 한가롭고 편안하고 유쾌하게 지내면서 근심을 끊어버리십시오.

책을 읽거나 화초를 감상하고 시냇물 속 고기나 산속의 새를 보면서 즐거움을 찾는 것같이 진실로 사람의 뜻을 즐겁게 하고 정다운 감정을 느끼게 하는 것들과 항상 가까이 하십시오. 그것이 마음의 기운으로 하여금 언제나 순탄한 경계 속에 있게 함으로써 몸속에 쌓인 화가 치밀어 올라 성을 내게 되는 지경에까지 이르지 않도록 방지하기 위해 꼭 필요한 방법입니다. (5-20~21: 남시보에게 답한 편지의 별폭)

『대학』이 가르치는 것

『대학』이라는 책은 스스로를 수양하고 사람을 다스리는 법을 가르치고 있습니다. 그것이 만약 근본에 해당하는 양심을 보존하여 사회를 다스리는 이치를 펴는 것이 아니고 곧바로 제도나 문장이었다면 그야말로 뿌리와 가지가 거꾸로 되어서 실제로 활용될 수 없는 것이 될 것입니다.

거듭 말하여, 『대학』이라는 책은 양심을 보존하고 정치를 펴내는 근본에 해당하는 책이지 제도나 문장에 이르기까지 가르치는 것은 아니라고 생각합니다. (6-67,68: 황중거에게 답한 편지)

사회를 다스리는 이치를 논함에 있어서는 마음을 보존하는 것이 근본임을 말했을 뿐 제도와 문장은 언급하지 않았습니다.

이치는 정밀하여 조잡함이 없을지라도 배우는 것은 조잡한 곳에서 시작하여 정밀한 것을 얻고, 가르치는 말씀은 위와 아래를 관통하고 있을지라도 배우는 순서는 아래에서 사람의 일을 배워서 위로 하늘의 이치와 우주의 진리에까지 통하여 이르는 것이 마땅합니다. 마치 뭇 사람이 강물을 마시는 경우 각자 자기의 양에 맞추어 마시는 것과 같다고 할 것입니다. (6-61: 황중거에게 백록동규집해를 논한 편지)

독서방법

주자께서는 다음과 같이 글 읽는 법을 말하였습니다. "글 읽는 법은 차례를 따르고 떳떳함이 있어야 하며 한결같이 정성을 다하고 게으르지 말아야 한다. 한마디 한마디 쉬고 띄우고 토를 달고 하는 방법과 그에 맞는 글뜻을 읽어나가는 사이에서 조용히 더듬어 찾고, 나아가서 마음가짐과 행동을 읽은 대로 실천하여 몸으로 겪어보아야 한다. 그런 뒤에야 그 마음이 고요해지고 이치가 밝아져서 차츰 참된 의미를 볼 수 있게 되는 것이다. 그렇지 않으면 비록 많은 분량을 탐구하고 넓은 지식을 취하기 위해 날마다 다섯 수레의 책을 외운다 할지라도 학문에 무슨 도움이 되겠는가? 그래서 정자께서는 '학문을 잘하는 사람은 말의 뜻을 연구하여 찾기를 반드시 가까운 곳에서부터 하는 법이다. 가까운 곳을 소홀히하는 사람은 말의 뜻을 아는 자가 아니다'라고 말했는데, 이 말에 매우 깊은 뜻이 있다." (7-280: 김이정에게 준 편지)

글을 읽을 적에 구절이나 단어 가운데 어떤 글자가 특히 중요하고 그 의미는 무엇이며 꼭 필요한 것인가 하는 점 등을 살피는 것에 대해 생각해봅시다. 만약 누군가 글을 읽을 적에 글속에 담긴 큰 뜻을 볼 줄은 모르고 언제든지 먼저 어떤 글자가 특히 중요하고 그 의미는 무엇이며 꼭 필요한 것인가 하는 점만 따지는 생각이 가슴속에 가로놓여 있게 되면 마침내 억지로 뜻을 끌어다 붙이거나 후벼팔 염려가 생기게 될 것입니다.

글을 읽을 때에는 글 순서에 따르며 마음을 흩어지지 않게 오로지 한결같이 집중합니다. 그 글을 외울 정도로 푹 배이게 읽으며 그 내용을 자세하고 깔끔하게 생각해서 밥을 먹어 배가 불러지듯 비를 맞아 옷이 푹 젖듯 하기를 오래도록 해야 합니다. 그래야만 그 보람이 쌓이고 쌓여 맛이 없는 가운데 맛이 생깁니다. 없는 줄 알았던 중요성과 그 떳떳한 뜻이 자기도 모르는 사이에 찾아져서 왜 그 글자가 거기에 필요했는지도 알게 될 것입니다. 이렇게 되어야만 어느 글자에 대해서라도 억지로 뜻을 끌어다 붙이거나 후벼팔 염려가 생기지 않게 될 것입니다. (7-266: 김돈서에게 답한 편지)

이미 배우고 지나간 것을 또다시 복습하고 있으면 현재 읽는 글을 빨리 끝내지 못하게 되는 방해가 생긴다고 하셨군요. 그것은 빨리 이루고자 하는 쪽으로 마음을 쓰기 때문에 생기는 걱정거리일 것입니다. 빠른 시일 안에 이루려고 하기 때문에 지난 것을 깊이 복습할 시간이 없을 뿐 아니라 현재 읽고 있는 글도 정밀하고 익숙하게 익힐 시간이 없게 되어 항상 마음 한가닥이 바쁘게 쫓기는 듯하게 되는 것입니다. 본래는 여러 책을 널리 읽고자 한 것이지만 거칠고 잡스럽고 엉성하여 곧 도로 잊어버려서 처음부터 한 권도 읽지 않은 사람과 다를 것이 없게 될 것입니다. 요즈음 책 읽는 사람들을 보면 그러한 병에 걸려 있는 사람이 아주 많습니다. (7-269: 김돈서에게 답한 편지)

무릇 글의 의미를 찾아보거나 도리를 연구할 때에는 반드시 먼저 마음을 비우고 겸허한 자세로 해야 되고 자신의 견해를 내세우지 말아야 합니다. 글을 쓴 사람이 옛 사람이냐 오늘날의 사람이냐를 가리지 말고 오직 그 옳은 것만을 따라서 진실을 얻는 것이 즐거운 일입니다. 만약 이와 반대로 한다면 자신을 그르치고 남들도 그르치게 되는 일이 반드시 많이 일어날 것이기에 두려워하는 바입니다. 이는 작은 일이 아니니 마음깊이 새겨두십시오. (5-81: 하태휘에게 답한 편지)

　독서를 통하여 성현께서 올바른 도리를 말씀한 곳을 대하는 방법은 다음과 같습니다. 그것이 드러났으면 드러난 바에 따라서 올바른 도리를 찾을 뿐 감히 멋대로 숨겨진 곳에서 찾지 않습니다. 또 그것이 숨겨져 있으면 그 숨겨진 바에 따라 연구하고 감히 경솔하게 드러난 곳에서 찾지 않습니다. 그것이 얕고 가까우면 그대로 얕고 가까운 곳에서부터 말미암고 감히 후벼파서 깊고 그윽하게 하지 않으며 또한 그것이 깊고 그윽하면 그대로 깊고 그윽한 곳으로 들어가고 얕고 가까운 곳에 머무르지 않습니다.

　나누어 놓은 곳은 나누어서 보되 한 덩어리 됨을 해치지 않으며 한 덩어리로 말한 곳은 한 덩어리로 보되 나누어 놓음에 해롭지 않게 합니다. 사사로운 생각으로 이리 끌고 저리 당김으로써 나뉘어져 있는 것을 한 덩어리로 합하거나 한 덩어리로 된 것을 쪼개어 놓지 않습니다.

　이와 같이 하기를 오래하면 저절로 그 조리가 분명해져서 어지럽게 할 수 없을 것이며, 성현의 말씀은 가로로 말한 것과 세로로 말한 것이 저마다 마땅한 바가 있어 서로 충돌되는 곳이 없다는 것을 알게 될 것입니다. 어찌 성현의 말씀 가운데 나의 의견과 같은 것은 취하고 같지 않은 것은 억지로 같다고 여기거나 아니면 옳지 않다고 우기면서 배척하겠습니까? 만약 이와 같이 한다면 비록 그 때에는 온 세상 사람들로 하여금 나에게 대항할 수 없게 할 수 있을지 모르나, 천 년 만 년 뒤에 성현이 나와서 나의 잘못된 점을 지적해 내는 일을 어찌하겠습니까? (5-182: 기명언에게 답한 편지의 후론)

책을 읽는 방법을 생각해 본다면, 그 읽어나가는 과정은 엄하게 세워야 하고 그 읽는 뜻은 너그럽게 두어야 합니다. 엄하게 세워야 한다는 말은 많이 읽으려고 힘쓰지 아니하고 스스로의 능력을 헤아려 그에 알맞게 과정을 정하고 조심조심 그것을 지킨다는 뜻입니다. 너그럽게 뜻을 둔다는 말은 이해가 되지 않아도 아득한 채로 그럭저럭 지나간다는 것이 아닙니다. 마음을 비우고 깊은 맛을 보아가며 체계를 정리하되 급하게 쫓기는 듯이 하지 말라는 뜻입니다. (8-162: 허미숙에게 답한 편지의 문목)

널리 읽음과 요약

허봉許對*이 다음과 같이 물었다. "책을 읽을 때에는 널리 경서들을 보아서 읽지 않은 것이 없게 하여 그 지식이 흡족하게 된 다음에 돌이켜

---

* 허봉: 1551~1588. 조선 중기 문학가로 허균의 형이다. 자는 미숙美叔, 호는 하곡荷谷. 저술로는 『하곡집』, 『해동야언海東野言』 등이 있다.

요약하는 데로 나가야 하는 것입니까? 저의 생각으로는 중요한 경전 몇 가지 중에서 한 권을 선택해 그 속에 깊이 빠져 들어가서 읽어나가야 할 것 같습니다. 그 책을 읽을 때에는 다른 책에 손도 대지 말고 반드시 이 하나의 책에 대해서 처음부터 끝까지 통달하여 무언가 얻은 것이 있은 뒤에 널리 배우는 방향으로 나아가야 될 것 같습니다."

이에 대해 퇴계 선생은 다음과 같이 답하였다. "먼저 널리 배우고 뒤에 요약한다는 것은 성현들도 말한 바 있으니, 본래 그렇게 해서 안 되는 것은 아닙니다. 그러나 널리 배우기만 하고 요약하는 경지로 돌아오지 않는다면 노는 말이 너무 멀리 나가 돌아올 줄 모르는 것과 같은 폐단이 있을 수 있기 때문에 그대의 생각과 같이 말하는 사람도 있습니다. 만약 그대와 같은 뜻을 확실하게 세움으로서 그저 널리 알아보기나 하는 잘못에 빠지지 않는다면, 그것은 정말 좋은 일일 것입니다. 그러나 그 경우에 염려할 것은 다만 한 책을 읽은 곳에서 겨우 일부분만을 엿보고 스스로 크게 얻었다고 기뻐하며 스스로 만족하여 다시 글을 더 널리 배우려는 뜻을 두지 않음으로써 결국 잘못된 길로 빠지고도 모르는 것입니다. 이러한 일도 역시 크게 경계하지 않을 수 없는 것입니다."
(8-179: 허미숙에게 답한 편지의 문목)

선현들의 책과 의문점

지난 현인들이 써놓은 것이라도 의리가 크게 어긋나고 틀려서 뒷사람들을 그르치는 것이라면, 논평하고 옳고 그름을 가려서 바르게 고치지 않으면 안 될 것입니다. 그러나 지금 그대가 논하는 것 같은 것은 그 글을 쓴 분이 틀린 것이 아니라 우리의 견해가 아직 미치지 못한 것이니, 억지로 논의를 일으켜서 빼거나 취하려 해서는 안 된다고 생각합니다. 혹 세밀하고 미묘한 글뜻을 이리저리 분석하여 분류할 때에, 어디로 보아도 틀린 것이라고 판정되기 전에는 그것을 지금 되어 있는 대로 따르고 변동하지 말아야 마땅할 것입니다. 모름지기 그대로 받아들여 이런 일이 자기에게 있는가 없는가, 자기가 할 수 있는가 할 수 없는가 하는 상황을 자세히 검토하여 날마다 채찍질하고 힘쓰는 것이 중요하고 꼭 필요한 일입니다. (5-74: 이율곡에게 답한 편지)

덕과 학문을 익힘

때와 일에 따라 마음을 잡아 지키고 스스로의 몸에서 진리를 살피는 공부를 떼어놓지 않는 가운데 만약 여가를 얻으면 책을 가까이하여 모름지기 자신이 노력하던 곳을 찾아내서 요령을 얻어야 합니다. 올바른 이치와 깊은 맛으로 마음과 가슴을 푹 적시며 그 속에서 노닐기를 하루에 하루를 더하며 오래오래 익히면 당연히 힘을 얻는 때가 있을 것입니다. 나는 요행히 여기에 한가롭게 거처하여 바깥으로부터 다른 방해가 없으니 참으로 덕과 학문을 닦기에 좋은 때를 만났습니다. (4-263: 최견숙에게 답한 편지)

공부가 몸에 익음

몸으로 실천하는 공부와 이치를 따지는 공부가 서로 방해되어 마음과 일이 서로 어긋나는 경우가 많은데, 그것은 공부가 몸에 푹 익지 않았기 때문입니다.

배나 감이 덜 익었을 때에는 시고 떫으나 익은 뒤에는 똑같이 단맛이 생기는 것같이 두 가지 공부가 푹 익는 경지에 이르러서야 비로소 서로 방해되는 병통이 없어질 것입니다. 그러나 자기의 사사로운 욕심을 이겨서 더불어 살 수 있는 조화로움으로 돌아오면서 양심을 보존하고 본성을 기르는 공부에 진실되고 열심히 오래도록 힘써야 그 경지에 이를 수 있습니다. 그렇지 않고서 공부가 몸에 익는 때가 이르기를 바라는 것은 씨앗을 심지도 않고 또한 김매고 물도 주지않고 곡식이 익기를 바라는 것과 무엇이 다르겠습니까? (7-310: 김이정에게 답한 편지의 별지)

붓글씨

붓글씨는 기본적으로 떳떳한 격식이 있어야 하지만 그 밖에도 스스로 개성을 들어내야 합니다. 참으로 설명하기 묘한 분야입니다. 그것은 마치 병법에서 무궁무진하게 기이한 계책을 내는 것과 같습니다. 그러나 기이한 재주를 드러내는 곳에도 모름지기 절도와 요령이 함께 있어야 할 뿐만 아니라 오래도록 써온 경험이 있어 남들이 본받을 만한 가치가 있어야 합니다. 그래야만 존중할 만큼 귀한 품위가 생겨 실패하지 않게 됩니다. 만일 이 몇 가지가 없이 지나치게 기이한 것만 좋아한다면 실패하지 않는 사람이 드물 것입니다. 마땅히 바른 법을 써야 할 곳에서는 오직 바른 법을 써야 마땅한 것입니다. (6-177: 이강이에게 답한 편지)

선비 학문의 특징

나의 몸과 나의 마음에 관계되는 것은 참으로 꼭 필요하고 깊이 사무치는 것이어서 무엇보다 앞에 두어야 마땅할 것입니다. 그러나 남에게 관계되는 것, 사물에 관계되는 것들을 나의 몸과 마음에 꼭 필요하고 깊이 사무치지 않는다고 하여 빠뜨려서는 안 될 것입니다. 우리 선비들의 학문이 다른 학문과 다른 점이 바로 여기에 있습니다. 제가 주자의 『주자전서』*로부터 가려뽑아 나의 『주자서절요』*에 넣은 것들 가운데는 그대가 편지에서 지적한 것같이 무엇보다 앞에 두어야 할 것들이 참으로 이미 충분히 많습니다. 그리고 때때로 편지 가운데 들어 있는 인사말, 평소의 그리던 마음을 말한 것, 자연을 관광한 것, 세상살이를 비평한 것 등 꼭 필요하거나 깊이 사무치는 것이 아니라고 할 수 있는 것들도 뽑아 넣었습니다. 그렇게 한 의도는 이를 읽을 사람들로 하여금 주자에게서 풍기는 분위기와 모습을 그분의 일상생활 가운데에서 직접 뵙듯이 하려는 것이었습니다. …어느 것인들 도의 한 실마리가 아니겠습니까? (4-127: 이중구에게 답한 편지)

선비가 학문하는 일

학문하는 일은 쉽게 여겨도 안되지만 또한 어렵게 여겨 용기를 잃어

---

* 『주자전서』: 송나라 때의 도학자 주희가 다른 사람들에게 준 편지 글을 모아 문집으로 만든 책들의 이름. 112권이나 되는 큰 분량의 문집이다.
* 『주자서절요』: 퇴계선생이 『주자전서』 가운데 중요한 부분을 가려 뽑아서 간추려 엮은 책.

서도 안됩니다. 오직 옳고 그름과 헐뜯고 칭찬함과 잘하고 잘못함에 대한 생각을 모두 끊어버리고 용감하게 앞으로만 나아가면 조금이나마 이루는 것이 있습니다.

선비가 학문을 연구하고 갈고 닦는 것은 마치 농부가 밭을 갈거나 김 매는 것 같고 기술자가 무엇인가를 다듬는 재주와 솜씨 같아서 다 자기 나름대로 떳떳이 할 일이 있는 것입니다. (7-251: 김돈서에게 답한 편지)

옳은 것을 배운다는 뜻

어느 것이 옳은가 그른가를 잘 알아서 그 옳은 것을 배운다는 것은 아는 것을 통해 몸소 실천한다는 뜻입니다. 옳다고 한 것은 착함과 같으며 배운다고 한 것은 실천한다는 것과 같은 뜻입니다. 옳은 것을 배우는데 아직 옳은 데에 이르지 못하였다는 것은 한 가지 착함을 얻으면 그것을 정성스레 가슴에 새기려고 하고 있지만 아직 지극히 착한 경지에 이르지는 못한 것이라고 말한 것과 같은 뜻입니다. (5-52: 이율곡에게 답한 편지의 별지)

이치를 공부하는 요령

이치를 깊이 캐어 들어가는 방법은 여러 가지여서 한 가지 방법에만 얽매일 수 없습니다. 한 가지 일을 캐어 들어가다가 잘되지 않으면 곧바로 싫증과 게으름을 피우고, 마침내 그만두고 마는 사람은 그럭저럭 세월만 보내며 학문을 피하는 사람이겠습니다. 그렇지 않은 경우임에도 불구하고 이치를 캐고자 하는 일의 의미가 이리저리 엉켰기 때문에 힘써 찾아도 통할 수 없거나 또는 특별히 나의 적성에 안 맞기 때문에 밝혀내기가 어려울 때에는 우선 그 한 가지 일은 그대로 놔두고 따로 다른 일의 이치를 캐도록 해야 합니다.

이렇게 하기를 거듭해 나가면 쌓이고 익숙해져서 자연히 마음이 차츰 밝아지고 올바른 이치의 속모습이 차츰 눈앞에 나타나게 되는 것입니다. 그때에 가서 지난 번에 이치를 캐내지 못했던 것을 다시 집어내어 이미 캐어낸 이치와 함께 참고하면서 살핀다면 자신도 모르는 사이에 그때에 알지 못했던 것까지도 한 순간에 밝아져서 깨닫게 됩니다. 이것이 곧 이치를 깊이 캐어내는 살아 있는 방법입니다. 하다가 안 된다고 그냥 내버려두라는 말이 아닙니다. (5-49: 이율곡에게 답한 편지의 별지)

진리를 따름

사물은 비록 만 가지로 달라도 진리는 하나입니다. 진리가 하나이기 때문에 사람의 본성에도 사람의 속과 바깥의 구분이 없습니다. 인격자의 마음이 탁 트이고 매우 공정할 수 있는 것은 그의 본성을 온전히 보존하고 자기의 속과 바깥을 구분하지 않기 때문입니다. 그리고 어떤 일이나 물건이 닥치면 그에 따라 대응할 수 있는 것도 한결같이 그 진리에 따르고 저쪽과 이쪽으로 구분하지 않기 때문입니다. 만약 일이나 물건이 사람의 바깥에 있는 것이라는 점만 알고 진리에 이쪽과 저쪽의 구분이 없다는 것을 모르면, 결국 진리와 일이나 물건을 두 가지로 나누게 되는데, 그래서는 안 됩니다. 또 만약 일이나 물건이 바깥의 것이 아니라는 것만 알고 진리를 표준으로 삼지 않는다면, 이는 그 사람의 속에 주인이 없게 되어 마침내 그 일이나 물건이 주인노릇을 하게 될 것이므로 역시 그래서는 안 됩니다. 인격자는 오직 일이나 물건에 응함이 한결같이 진리에 맞기 때문에 아무리 날마다 일이나 물건을 맞닥뜨리더라도 그것이 그에게 해를 끼치지 않아서 그의 본성이 아무 탈 없이 안정되어 있을 수 있는 것입니다. 그래서 옛글에 "성낼 때에 문득 성냄을 잊고 진리의 옳고 그름을 본다"고 하였습니다. 그 '문득 성냄을 잊는다'는 것은 일이나 물건을 잊는다는 말이고 '진리의 옳고 그름을 본다'는 것은 한결같이 진리에 따른다는 말입니다. (4-288: 이달·이천기에게 답한 편지)

착실한 공부

그 사람의 말솜씨와 지식은 참으로 훌륭합니다. 그러나 염려되는 것은 일상생활에서 익히는 착실한 공부와 인류의 근본 바탕에는 전연 힘쓰지 않는다는 것입니다. 그리고는 오로지 고매한 지식에 대한 견해와 남보다 뛰어난 재주만을 믿고서 한결같이 실속 없는 말만 늘어놓습니다. 남의 말은 한 마디도 받아들이지 않을 뿐만 아니라 선배 어진 분들에 대해서까지 자신과 견해가 다른 곳이 있으면 번번이 비평하고 있으니, 결국 아무것도 얻는 것 없이 크게 이루지 못할까 매우 두렵습니다.

그러한 그에게서 도움을 얻는 점도 있지만 그러나 그가 언제나 스스로 옳다고 믿는 것을 보면 아마 끝내 자기 마음을 비우고 남의 말을 받아들이지 않을 것 같습니다. (7-91: 정자중에게 답한 편지)

학문과 수양

우리 학문의 핵심은 "마음이 완전히 하나됨을 오로지 주로 하여 흩어짐이 없도록 함으로써 만 가지 변화에도 대응한다"는 것입니다. 그 이치는 알기 어려운 것이 아니라 실천하기가 어려운 것이며 실천하기가 어려운 것이 아니라 참되게 쌓으면서 오래도록 힘써 나가기 더 어려운 것입니다. (5-54: 이율곡에게 답한 편지)

학문의 두 방법

학문에는 진리를 깊이 캐들어가는 방법과 몸과 마음이 진리 앞에 경건함 속에 사는 방법 두 가지가 있습니다. 그 두 가지는 비록 서로 머리가 되고 꼬리가 되기는 하지만, 실제로는 따로 떨어질 수 있는 두 가지이니, 반드시 두 가지를 서로 병행해가는 방법으로 해야 합니다. 기다리지만 말고 지금 곧 공부를 시작해야 하며 의심으로 머뭇거리지 말고 경우에 따라 마땅하게 힘써야 합니다. 텅 비운 마음으로 이치를 살피되 자기 의견을 먼저 고집하여 이러쿵저러쿵 정해버리지 말아야 차츰차츰 쌓이는 것이 있게 되어 완전히 성숙하게 될 것입니다. 한때나 한 달로서 효과를 따져서는 안 되고 얻지 않고 그만둘 수 없다는 자세로서 평생 사업으로 삼아야 합니다. 우리 학문의 목적지에는 그 공부가 점차 깊어진 뒤라야 스스로 이를 수 있는 것입니다.

이치나 진리를 깊이 캐들어가는 일은 실천을 통하여 체험을 하고서야 비로소 참으로 아는 것이 됩니다. 진리 앞에 경건함 속에 사는 일은 마음을 두 가닥 세 가닥으로 분산시키는 일이 없어야만 비로소 참으로 얻게 될 것입니다. 지금 비록 이치와 진리를 보기는 하되 얕고 밝음을 면하지 못하고, 비록 경건함 속에 사는 마음을 가졌으나 잠시 사이에 잃어버리는 정도라면, 일상생활에서 무너뜨리고자 하는 시험이 끊임없이 닥쳐올 것입니다. 어찌 여러 가지 잡된 생각이나 음식이나 아름다운 얼굴이나 오락을 즐기는 것만이 해가 된다고 하겠습니까? 비록 그렇기는 하지만 처음 학문하는 경우에는 이치를 보는 것도 참되지 못하고 경건한 마음을 지니는 것도 거듭 실수하게 되는데, 이는 누구에게나 공통으로 있는 근심입니다.

오늘날 사람들을 살펴보면, 대부분 출세할 자는 과거에 뜻을 빼앗기고, 출세한 자는 이권에 빠져 있는 형편이지만 그들과는 달리 저 공통된 근심을 뚫고나갈 사람이 없는 것도 아닙니다. 다만 남보다 뛰어난 자질을 가진 사람은 글의 뜻을 빨리 이해하기 때문에 그 이론이 고된 노력과 깊은 고민 없이 이루어지는 듯하며 그의 실행에는 간절하고 두터운 점이 부족한 듯한 경향을 갖게 됩니다. 이것을 고치지 않는다면 끝까지 세상의 나쁜 습속에 물들지 않는다고 보장하기 어려우니, 참으로 두려운 점입니다. (5-46: 이율곡에게 답한 편지)

학문하는 요령

성실한 자세로 정력을 쏟아가며 탐구하여 실행에 옮기기를 오래도록 거듭해야 합니다. 그렇게 하면 그 사이에 반드시 매우 즐거웠던 바가 있을 것이고 매우 의심스러웠던 바도 있을 것인데, 그것을 모두 집어내어 가면서 논평을 주고받아야만 나와 남 모두에게 유익함이 있을 것입니다. 그렇게 하지 못한다면 진리를 향하는 뜻이 아무리 깊고 학문을 하려는 마음이 아무리 간절할지라도 참된 보람을 얻지는 못할 것입니다. 따라서 그저 글을 읽기나 하면서 날짜만 보낸다면, 자세한 뜻을 분명히 알 수 없을 경우 그것을 어떻게 하면 자세하고 분명하게 할 수 있는지 알지 못할 것입니다. 그리고 실천하다가 어긋남이 있을 경우 그것을 어떻게 하면 어긋남이 없도록 할 수 있을는지 몸으로 터득하지 못할 것입니다. 스스로 속을 돌이켜 볼 때, 배우지 않은 사람과 조금도 다름이 없어서 가슴 아프게 탄식도 하고 스스로를 탓하고 꾸짖기도 할 것입니다. (5-116: 박자진에게 답한 편지)

안으로 학문을 익힘

문을 굳게 닫고 들어앉아 옛 학문을 익혀서 날마다 새로운 얻음이 있으면, 올바른 도리가 점점 무르익어서 마치 사탕수수가 씹을수록 달콤해지는 것과 같은 맛과 즐거움이 무궁할 것입니다. 아무런 벼슬이 없는 신분으로서 세상에 이름난 사람들과 너무 많이 왕래하면 반드시 뒷걱정이 있을 것입니다. 조심하고 조심하십시오. (7-374: 김이정에게 준 편지의 별지)

무릇 영광과 이익을 얻는 길은 세상 사람들이 모두 가고자 하는 길입니다. 이것을 얻으면 기뻐하고 얻지 못하면 슬퍼하는 것은 모든 사람들이 마찬가지일 것입니다. 그런데 그대는 시골에서 무슨 일을 하기에 이처럼 높은 의리와 절개를 세워 놓고 저들과 같은 영광과 이익을 잊을 수 있었는지요. 거기에는 반드시 무엇인가 온 몸과 마음을 던져 일삼는 바가 있을 것이고 그래서 얻는 바가 있을 것이며 그렇게 지켜나감으로써 편안한 것이 있을 것이고 마음속에 남이 함께 할 수 없는 즐거운 바가 있을 것입니다. (4-81: 남명에게 준 편지)

학문의 타락

보내 온 편지를 보니, '세속의 사무에 파묻혀 있다'고 하였는데, 그런 일은 누구에게나 있을 수 있는 것이겠습니다. 또 '날로 소인이 되는 쪽으로 치닫고 있다'고 말했는데, 그대가 사실 그렇게 되고 있다고 믿기 어렵고 단지 스스로를 경계하는 말인 것 같습니다. 그러나 참된 공부로 탄탄한 내용이 있는 바탕 위에 근거하지 않는 경우에는 우물쭈물하는 사이에 자신도 모르게 그와 같은 지경으로 떨어지게 되는 것도 사실입니다.

지금 세상에 높은 벼슬아치의 자제된 사람들을 보면, 선과 악의 두 갈래 길에서 선한 길을 따르는 사람은 열 명 백 명 가운데 겨우 한두 명이고 악한 길을 따르는 사람이 대부분으로 마치 흘러가는 물에 휩쓸리는 듯한 형세입니다. (9-50: 이굉중에게 답한 편지)

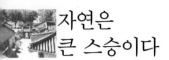

자연은
큰 스승이다

선생의 자연 사랑은 유별났었다. 고향에서 지낼 때나 벼슬살이할 때 임
지에 가서도 맑고 아름다운 자연을 벗하기를 그치지 않았다. 매화를 특
히 사랑하셨고, 자연을 노래하는 많은 시를 남기셨다.

국화길에 서리내리다

서릿발 뚜렷하자 국화가 만발하니

가을 바람 불어 시골집이 썰렁하구나.

꽃 속에 숨어 지내며 사람의 뜻을 알아보니

해 늦으막에 마음으로 기대하는 것 어찌 끝이 있으랴. (2-106)

눈과 대나무의 노래

한양성 문 안에는 사흘 동안 눈이 내려
거리거리 사람 발길 갑자기 끊어졌어도
병들어 누웠으니 몇 자나 왔나 묻지 못하고
다만 이 잠자리가 얼음처럼 싸늘토다.
마루 앞 푸른 대는 나의 사랑 깊건마는
밤마다 바람에 울어 옥이 부서지듯 하더니
놀란 아이 찾아와서 나를 이끌어내기에
지팡이 짚고 와보니 한숨만 나는구나.
끝가지는 파묻혀서 끝도 보이지 않고
가지는 억눌리어 꺾어지려 하는데
어여쁘기도 해라 그 가운데 한두 줄기가
천 길 높이 솟아 오히려 꼿꼿하니
속이 비었기에 얼어터질 걱정 없고
묶은 뿌리 땅 깊이 들어갔기에 탈날 염려 없도다.
밝고 빛난 태양이 머리 위에 이르니
대나무 열매만 먹는 봉황일지언정 먹을 것 없을 수야 없으리. (1-110)

달 구경

바위마다 눈이 덮여 옹기종기 솟았는데
그 위에 달이 뜨니 더욱 맑고 조용하구나.
그윽한 이 사람이 졸음 없이 앉았더니

차가운 거울 빛이 암자를 비춰주네.
밤이 이윽하여 향내마저 사라지니
그윽하고 조용함을 참으로 얻겠구나. (1-224)

대숲의 맑은 바람

빼곡히 함께 솟아 푸르른 마디 구슬줄기 이루고
유월 창문 위에 눈속처럼 찬 바람부니
바라 맞추는 소리 뭇 구멍으로 나오는 것 아니건만
숲 가득 맑은 바람 부니 스스로 모여서 즐기는구나. (2-106)

매화가지 끝에 밝은 달

공중에 뜬 얼음 같은 바퀴 둥글기도 한데
뜰앞의 옥나무 가지끝에 걸렸구나.
물 밑 궁궐의 맑고 고운 것은 숨겨둠이 좋기는 하나
숨어사는 사람이 백 번 돌봄이야 무엇 싫어할 것 있으리. (2-106)

봄을 느끼다

맑디맑은 이 새벽에 한가히 일이 없어
옷을 떨쳐 입고 서쪽마루에 앉았더니
기다렸던 아이놈이 뜨락을 맑게 쓸고

싸리문을 굳게 닫아 집안이 고요해라.
깊디깊은 섬돌에는 가는 풀이 자라나고
꽃다울 사 뒷동산엔 푸른 숲이 흩어졌는데
돌아보니 살구꽃은 비 내리자 드물어졌고
복숭아는 밤 들어서 그만 활짝 피었세라.
붉은 앵도꽃은 눈꽃럼 나부끼고
하이얀 오얏꽃은 은빛바다 들끓는 듯
아름다운 새소리도 자랑삼아 우는 듯이
제각기 무어라고 아침볕에 우지진다.
세월이 흘러가서 멈출 줄을 모르나니
깊숙이 스민 회포 섭섭하기 짝이 없소
세 해나 서울에서 이 봄을 다 보낼 제
옹종한 망아지가 수레 채에 매인 듯이
하염없이 지났으니 무엇이 유익하던고
밤낮으로 생각하니 나라 은혜 부끄럽네.
 우리 집은 맑은 낙동강 상류에 있는데
평화로운 그 고장은 즐겁고도 한가하이.
이웃 동네 농부들이 봄 일 하고
닭이랑 개랑 울타리를 지키고 있는데
그림도 책도 놓인 깨끗한 책상에 앉으니
푸른 내 붉은 놀이 언덕에 비추이네.
흐르는 시내에는 새와 고기 노닐고
소나무 그늘에는 두루미와 잔나비라
아아 즐거울 사 그 산중 그 사람이여.

이제 내 곧장 돌아가 항아리에 술 담그련다. (1-31)

연꽃을 사랑함

하늘이 임을 낳아 건곤을 여시니

맑으신 그 가슴속엔 티끌 한 점 없도다.

사랑스럽구나 맑고도 속이 빈 한 줄기 아름다운 식물은

꽃 가운데 군자로서 말없이 묘하구나. (2-117)

고요함을 기르다

산림에서 편안함 꾀한다 이르지 말지니

마음의 근원 마치지 못하면 오히려 할 일이 많다오.

눈 속이 맑고 깨끗함은 언제나 고요히 기르고 있음이요

일을 치르고는 벗어나니 얽히지 않음이네.

아홉 해나 텅빔을 살폈지만 달마의 면벽이 아니고

삼 년 동안 기氣를 익혔지만 단丹을 달이는 것과 다르네.

성현께서 고요함 말한 것이 해와 같이 밝으니

터럭 끝이라도 잘못 볼까 깊이 삼가하노라. (2-72)

네 계절마다 세상 떠나 삶의 좋은 점

봄 날

세상 떠나 삶이 좋은 점은
수레바퀴 말자국이 문 밖 멀리에 끊어지고
동산에 핀 꽃은 본성의 이치 드러내고
뜨락에 돋은 풀은 건과 곤의 묘함이네.
깊은 골에 깃들이니 놀빛이 아득하고
멀리 바라보니 물가 마을이 가깝구나.
모름지기 알아둘 것은 세상에 제일 가는 즐거움이
공자님 시절 그곳뿐만 아니라네.

여름 날
세상 떠나 삶이 좋은 점은
찌는 듯한 더위를 푸른 계곡 물로 씻고
바닷가 석류는 이 때에 꽃이 피고
죽순은 가지런히 솟아오름이네.
옛집에는 구름이 추녀 밑에서 일고
깊은 숲에선 사슴이 뿔을 기르는구나.
예로부터 몸 가리라는 깨우침도 있거니와
음기가 점점 자라니 마음 헷갈리지 말지니라.

가을 날
세상 떠나 삶이 좋은 점은
서늘한 바람 절로 불어 옷깃을 흔들고
벼랑의 단풍은 붉은 비단 물들이고
울타리의 국화는 황금빛 찬란함이네.

2부 지혜로운 인생을 위한 가르침

벼가 익으니 다시 술을 빚고

닭이 살찌니 때때로 구워내는구나.

서리와 얼음은 예로부터 깨우침이 있는 바이니

한 해가 저물 때에 어이 마음 다스리리.

겨울 날

세상 떠나 삶이 좋은 점은

농가의 많은 일도 이제야 쉬고

마당을 쌓아서 채소밭 마련하고

징검다리 걸쳐놓아 시냇물 건넘이네.

병든 몸 따뜻이 함은 나무꾼 아이가 맡고

추위를 떨쳐냄은 길쌈하는 아낙네가 생각하는구나.

저 깊은 샘 속에서 양기陽氣의 덕이 자라나니

이로부터 온갖 걱정 스러지리라. (2-108)

월란대 절에 묵으며 감회를 적음

열다섯 해 앞이런가 이곳에서 글 읽었더니

세속 티끌 속에 날뛰다가 이제 돌아오니 어떠한가?

병든 뼈만 남아 있어 신선 비결 아득하고

옛과 같은 여울소리 저 공중에 사무친다.

거사는 집을 잊고 늙은 벗이 되었고

중은 약속을 지켜 그윽한 암자 지었구나.

임금의 무거운 은혜 누 끼칠 수 없었음이지
높은 이름 얻기 위해 고기 낚음 아니오니
번화한 저 거리에서 이름난 말 타지 않고
푸른 산 이곳에 와서 월란대 절의 중을 벗하리라.
고요한 곳 얻는 것이 마음 편할 방법이니
다시금 이 세상에서 아차 실수하지 않으리. (1-87)

한가히 앉다

번화한 저 도시가 내게 무슨 도움되든가
산림의 깊은 곳이 갈수록 싫지 않네.
몸이 여위었으니 수양하기 좋을시고
바탕이 어리석으니 학문으로 다스리리.
절간 창문에 밝은 햇빛 고요하나
염주나 헤아리며 염불을 일삼지는 않겠네. (1-227)

고향생각

형께서는 고향으로 돌아가셨으니, 부인께서 봄날에 익은 술을 방금 걸러 항아리에 담아놓고 햇미나리를 소반 위에 가득 차려 깍듯이 모시 겠지요. 배부른 모습으로 밥술을 놓고는 지팡이를 짚고 문을 나서서 강 둑 위를 거닐 수 있겠습니다. 휘영청 늘어진 나무그늘 아래에 새들은 여기저기서 지저귀는데, 동쪽 이웃과 서쪽 마을을 마음대로 돌아다니겠지요. 그 즐거움이 얼마나 좋겠습니까? 옛사람이 "마음에 만족하지 않음이 없는데 또 무엇을 바라겠는가"라고 말한 것이 이를 두고 이른 것인가 합니다. (5-126: 오인원에게 준 편지)

기행문 쓰기

내가 박군의 『유산록遊山錄』을 보니, 구상력이 용솟음치고 말솜씨가 자유롭습니다. 천 봉우리가 빼어남을 서로 다투고 일만 폭포가 쏟아져 내리는 듯한 문장의 흐름입니다. 높고 낮음과 멀고 가까움과 앞과 뒤의 모든 것을 다 품고 있으면서 하나하나 세밀하게 그려내지 않음이 없습니다. 그의 가슴속에 바다와 산악을 품고 자연의 변화와 신묘함을 꿰뚫는 지식을 갖춘 자가 아니면 어떻게 이처럼 그려낼 수 있겠습니까? 이는 아주 뛰어난 작품으로서 얻기 어려운 보물이라고 할 만합니다. 다만 좀 거리끼는 것은 문장이 너무 거침없이 흘러내려 기이한 것을 좋아하고 숭상하는 뜻이 엿보인다는 점입니다. 그 때문에 산을 얘기하면서 굳이 그 경치 밖의 터무니없는 것에 말이 이르고 학문을 논하면서 굳이 학문 이외의 아득하고 실제와 관련이 없는 불필요한 증거를 들면서 이것저것을 말하고 있습니다. 그러므로 사람들로 하여금 용기가 나게 하고 가보고 싶은 마음이 일게 하는 좋은 점이 있는 반면, 자세히 살펴보면 자주 분명치 못한 말들로 인하여 사람들을 어리둥절하게 합니다. 또 문장이 어렵고 빽빽하여 읽기 어렵게 만드는 결점을 면하지 못하고 있기도 합니다. 명산을 유람한 기록은 자연 그 말이 기이한 것을 주로 하기 마련입니다만, 그 기이함에는 저마다 구분이 있어야 하고 그 말에는 말마다 마땅한 점을 갖고 있어야 합니다. 만약 한결같이 특별하고 이상한 것만을 좋아한 나머지 그렇게 그려내기 위해 억지로 말을 꾸며내기에 이르면, 마침내는 마음조차 방탕해져서 돌아올 줄 모르게 되고 학문이 아무렇게나 흘러가며 기이한 것만을 쫓아가게 될 것입니다. 내 소견으로는 모름지기 이런 것들을 한꺼번에 모두 털어버린 뒤에야 비로소 더할 수 없이 훌륭한 글이 될 것이라고 생각됩니다. (9-13: 김순거에게 준 편지)

산골 생활

산골에 사노라 정월 대보름에 등 달고 즐기는 번화로운 일을 모르고 지내고 있습니다. 새벽에 계상서당에 앉아 시원한 샘물을 몇 잔 들이킨 뒤, 나무베개를 끌어당겨 비스듬히 누웠더니 어느 겨를엔가 한바탕 신선세계에 노니는 꿈을 꾸었습니다. 잠결에 갑자기 사람 발자국 소리가 들려 깨고 보니 그대의 아름다운 글월을 받게 되었습니다. 편지 가운데 비록 시는 없었으나 말의 내용이 시원하여 마치 산문시를 보는 듯하였습니다. (6-25: 황중거에게 답한 편지)

산과 숲속에 묻혀 삶

세상을 숨어사는 사람 중에 참으로 큰 사람은 도시에 숨는 법이니, 반드시 산과 숲속으로 들어가야 잘하는 일이라고 할 수는 없을 것입니다. 그러나 그런 경우는 갈아도 닳지 않고 검은 물을 뒤집어 씌워도 물들지 않을 정도로 큰 현인이 아니면 실천하기 어려운 경지일 것입니다.

그래서 보통 사람에게는 산과 숲이 도시보다 조용히 묻혀 살면서 인격을 도야하기에 낫다고 하겠습니다. 다만 결심을 하고서 세상사람들과의 얽히고 설킨 고리들을 끊어버리고 도시생활을 박차고 산과 숲으로 돌아가는 일은 마음만으로 되는 것이 아니라 일의 형편도 그렇게 풀려 나가야만 가능한 것이겠습니다. (4-123~124: 이중구에게 답한 편지)

건강해야
지혜로운 삶을 산다

벼랑 위의 참나무

절벽 따라 벼랑길에

많은 참나무 심어져 있는데

재목으로 쓰일 데 없은들

무슨 해로움 있는가?

그 나이 이미

수백 년을 넘었더라. (2-60)

위생의 이치를 지킴

이 못난 사람은 기운이 허약하고 나이가 늙어 질병의 소굴같이 되어 있음에도 불구하고, 병을 예방하고 건강하게 살 수 있는 방도를 알지 못하여 계절을 따라 질병이 문득 발작하곤 합니다.

그대가 두 차례의 편지에서 마땅히 보호하고 길러야 할 것을 일러주고, 아울러 위생의 이치를 말하면서 삼가 조심하여 지키도록 하여 주니 매우 보배롭게 받아들였습니다. 부지런히 스스로 반성하면서 종신토록 따라 지키겠습니다. (4-173: 이중구에게 답한 편지)

숨은 공부

옛 사람들은 반드시 숨은 공부를 하였기 때문에 그 시대에 쓰이지 않을 경우라도 스스로를 버리지 않았는데, 지금 사람들은 이 세상에서 쓰이지 않을 경우 곧 스스로도 버리고 맙니다.(마음의 건강에 관한 말이라고 이해하면 좋을 것이다./엮은이) (4-116: 이중구에게 답한 편지)

기를 기르는 일에 대하여

사람의 몸에는 우주의 바탕이면서 동시에 사람의 바탕이 되는 그 무엇인가 큰 진리가 들어와 있습니다. 동시에 삼라만상으로 변화를 일으키는 에너지도 함께 엉겨 있습니다. 그 큰 진리를 이理라 하고 그 에너지를 기氣라 합니다. 이理는 일을 함이 없으면서도 모든 일을 바르게 이루어지게 하지만 기氣는 제멋대로 피어나기 때문에 도덕적 이상을 추구하는 우리는 이理를 귀하게 여기고 기氣를 천하게 여깁니다.

* 이중구李仲久가 1564년 음력 10월과 11월 두 차례에 걸쳐 퇴계에게 보낸 편지

이를 몸으로 실천하려고 하면, 기는 그에 따라서 저절로 길러지게 되지만 기를 기르기에 치우치다 보면, 작게는 나 한 사람의 바탕을 해치게 되고 크게는 사회나 우주의 바탕조차 해치게 됩니다. 기를 길러 건강을 찾는데 그치지 않고 나아가서 그 극치인 불로장생을 이루고자 하게 되면, 나라에 대한 충성이니 부모에 대한 효도니 하는 직분은 모두 그만둔 뒤에야 가능하게 됩니다. 사람의 도리를 싫어하고 올바른 도덕을 해치게 될 위험성이 이와 같은 지경에 이르면 교훈으로 삼을 수 없다는 것은 물론입니다.

도덕을 추구하는 사람일지라도 기를 기르는 일을 전혀 무시할 수는 없습니다. 그렇지만 적어도 그 속에 숨어 있는 괴이하고 터무니없는 독소들은 없애야만 할 것입니다. (4-241: 박택지에게 준 편지)

술이 사람을 망친다

아! 술이여

사람을 망침이 심하여 창자를 헐뜯고 병을 일으키며

본성을 잊은 채 헤매게 하고 덕을 잃게 하는구나.

한 사람에게 들어가서는 그 몸을 망치고

한 나라에 들어가서는 그 나라를 엎어버리는구나.

나도 일찍이 그 독을 맛보았고

그대도 그 구렁텅이에 빠졌었으니

옛 임금이 시까지 지어서 타이른 훈계를

어찌 함께 힘써 지키지 않겠소.

뜻을 굳건히 세워 이 놈을 다스리면

저절로 많은 복이 찾아지리라. (10-178: 김응순에게 준 술 조심하라는 훈계)

퇴계 선생이 활용한 양생법(《활인심방活人心方》 중에서)

양생법이란 한마디로 말하여 생명력을 기르는 법이다. 몸과 마음을
잘 조화시킴으로써 타고난 자연의 모습을 허물어뜨리지 않고 완전하게
지켜나가는 방법이라고 말할 수 있다. 그렇기 때문에 몸의 건강은 말할
것도 없고 마음의 건강을 더욱 중요하게 생각하며 의, 식, 주 생활 전체
에 걸쳐서 건강한 삶의 방법을 찾는다. 또한 의학적인 면에도 깊은 관
심을 갖고 연구를 하며 특히 몸 속에서 운행하는 기운을 올바르고 건
강하게 다스리는 일에 가장 큰 노력을 쏟는다. 그것이 결국 분노와 탐
욕을 참고 다스리는 법을 찾는 것이다.

퇴계 선생은 자신의 몸에 병이 잦았기 때문만이 아니고 마음의 건강
을 보존하는 일에도 도움이 된다고 생각하여 옛 양생법에 관한 글들을
몇 가지 베껴놓았다. 이곳에는 그 가운데 몇 가지만 소개하지만, 이것만
으로도 밤을 지새우며 책을 보아야 하는 사람들은 큰 도움을 얻을 수
있을 것이다.

중화탕中和湯

제목은 틀림없이 한약 처방의 이름이지만 그 내용을 보면 약초라곤
하나도 없다. 생각하면 할수록 그 효과가 엄청나게 큰 약 처방인데, 너
무나 재미있게 꾸며져 있음을 알 수 있을 것이다.

중화란 말은 지극히 선한 우리 양심의 본래 그대로의 모습과 세상살

이를 하면서 흔들리는 양심이 본래의 그 지극히 선한 상태로 되돌아가는 모습을 아울러 가리키는 것이다.

중화탕은 의사가 못 고치는 모든 병을 고친다. 이것을 복용하면 타고난 기운을 굳게 보존하고 삿된 기운이 침범하지 못하게 되어 만 가지 병이 생기지 않고 오래도록 평안히 살 수 있다.

①생각에 삿됨이 없도록 한다.　②좋은 일을 행한다.
③속이는 마음을 일으키지 않는다.　④적절한 방법으로 처리한다.
⑤본분을 지킨다.　⑥질투하지 않는다.
⑦교활한 속임수를 없앤다.　⑧성실히 일한다.
⑨자연의 원리를 따른다.　⑩운명의 한계를 이해한다.
⑪마음을 맑게 한다.　⑫욕심을 적게 한다.
⑬참고 견딘다.　⑭부드럽고 순하다.
⑮겸손하고 온화하다.　⑯만족할 줄 안다.
⑰깨끗한 마음으로 조심한다.　⑱어진 마음을 잃지 않는다.
⑲절약하고 검소하다.
⑳한쪽으로 치우치지 않는 곳을 찾는다.
㉑살생을 가려서 한다.　㉒성내지 않는다.
㉓거친 행동을 하지 않는다.　㉔탐내지 않는다.
㉕홀로 있을 때 더욱 조심한다.　㉖일의 낌새를 알아본다.
㉗사랑을 잃지 않는다.　㉘물러남을 싫어하지 않는다.
㉙고요함을 지킨다.　㉚남모르는 덕을 쌓는다.

위의 30가지를 꼭꼭 씹어서 심장의 불과 신장의 물로 5분 정도 뭉근히 달인 다음 따뜻하게 마신다. 마시는 시기는 언제라도 좋다.

화기환化氣丸　　　중화탕은 오래도록(평생토록) 복용하는 보약에 해당한다. 이 화기환은 어떤 원인으로 말미암아 속에서 화가 치밀어올라와 목구멍에 걸리거나, 가슴이 답답하거나, 배가 뒤틀리며 온 몸이 뻣뻣이 굳고 이가 악물려지며 눈이 둥그래지고 주먹이 떨리며 얼굴과 귀가 벌겋게 되는 모든 증세를 단 한 알로 다스린다.

알약은 그림처럼 생겼는데, 심장 위에 칼날을 올려놓은 모습이다. 먹을 때는 말하지 말고 한 알을 침과 섞어서 꿀꺽 삼키면 된다.

좌식팔단금坐式八段錦　　　중국과 우리나라에서는 고대로부터 도인체조라는 것이 전해 온다. 도인체조란 몸 속의 기운을 막힘 없이 운행시키고 관절을 풀고 내장을 튼튼히 하기 위해 연구해낸 체조 비슷한 동작이다. 이 동작을 할 때에는 호흡과 마음을 몸놀림과 한 덩어리로 뭉쳐서 긴장을 푼 상태에서 천천히 해야만 효과를 볼 수 있다.

중국 송나라 때 민간에서는 팔단금이라는 이름을 가진 몇 가지 도인체조가 유행하였다. 그것을 지어낸 사람들로는 ①종리권鍾離權 ②두은청

---

* 전통 의학이나 양생학에서는 오장 육부가 각자 특성 있는 에너지를 주관하는데, 심장이 주관하는 에너지는 오행 가운데 화火, 곧 불에 속한다.

實銀靑 ③최崔선생 ④증조曾慥 등이 있는데, 퇴계 선생은 명나라 때의 주권朱權이 쓴 『활인심법』에 실려 있는 종리권 계통의 도인체조를 베껴 그려서 이용한 것으로 보인다.

(1) 어금니를 마주쳐서
    정신을 차린다.

먼저 바르게 앉아서 눈을 감고 마음속을 지키면서 아무런 잡념도 없이 움직임과 변화를 일으키지 않는다. 그런 다음 어금니를 마주쳐서 정신을 집중하기를 36번 한다.

다시 두 손으로 정수리를 덮고 난 뒤에 숨소리가 귀에 들리지 않도록 숨쉬기를 9번 한다.

다시 손을 옮겨서 각각 귀를 덮고 식지로 장지를 눌러 미끄러지면서 퉁기는 힘으로 뒤통수를 치기를 24번 한다.

(2) 목을 비튼다.

처음의 마음 자세를 유지하면서 먼저 두 손을 굳게 마주잡은 다음 머리를 돌려 왼쪽을 보면서 오른쪽 어깨와 오른팔이 천천히 올라가는데 눈은 하늘을 비껴 올려본다.

같은 방법으로 반대동작을 24번 한다.

(3) 혀를 휘둘러
   침을 삼킨다.

바르게 앉아서 먼저 두 손을 쥐고 주먹의 등이 뒤쪽을 향하도록 머리 위로 들어올린다.

그런 다음, 혀를 휘둘러 양쪽으로 이빨 문지르기를 36번 하고 침이 생겨나면 입에 가득할 때까지 기다려서 세 모금으로 나누어 꿀꺽 꿀꺽꿀꺽 삼킨다. 꼬르르 소리가 나면서 내려가면 좋다.

(4) 엉치 위를
   문지른다.

바르게 앉아서 코로 맑은 공기를 들이 마신 다음 잠시 숨을 멈추고 손바닥을 아주 뜨거워질 때까지 비비고 코로 천천히 탁한 기를 내보낸다. 결코 무리해서 얼굴이 벌겋게 되도록 해서는 안 된다.

숨을 잠시 멈출 때에는 숨이 가빠지지 않고 심장이 쿵쿵거리지 않는 범위 내에서 자연스럽게 멈추도록 한다. 이하 숨을 멈추는 경우에는 모두 같은 요령으로 한다.

그런 다음, 뜨거워진 손바닥으로 엉치 위 곧 허리 뒤의 신장의 위치를 36번 문지른다.

이어서 다시 숨을 멈추고, 두 손을 굳게 맞잡고 마음속으로 심장의 뜨거운 기운이 아래로 내려가서 아랫배(단전)를 태운다고 생각하여 뜨거움을 확실히 느끼면 다음으로 넘어간다.

(5) 한 손으로 두레박 물을
　　퍼올리듯한다.

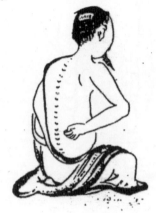

머리를 약간 숙이고 왼쪽 어깨를 뒤에서 앞으로 감아 돌리기를 36번 한다. 같은 요령으로 반대 동작을 한다.

(6) 두 손으로 두레박 물을
　　퍼올리듯한다.

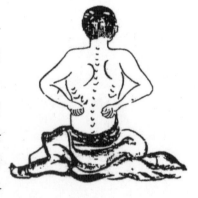

역시 머리를 약간 숙인 채로 두 어깨를 동시에 뒤에서 앞으로 감아돌리기를 36번 한다.
　마음속으로 아랫배(단전)로부터 뜨거운 것이 등을 타고 올라와서 뒤통수를 통해 머리로 들어간다고 생각한다. 동시에 코로는 맑은 공기를 소리 없이 들이마시고 잠시 숨을 멈춘다.

(7) 하늘을 밀어올린다. 두 손을
서로 비
비면서 5번 크게 불을 끄듯 내뿜는다. 그
런 다음, 두 손을 깍지껴서 천천히 하늘
을 밀어올리기를 3번 또는 9번 한다.

(8) 발을 끓어당긴다.

위 동작이 끝난 다음, 천천히 두 다리를
뻗고 몸을 굽혀서 두 손으로 발바닥을
잡아당긴다. 다만 무리하지 말고 몸이
굽는 데까지 굽히게 되면 차차 깊이 굽
혀지게 된다. 같은 동작을 열두 번 한다.

　　무리하지 않도록 한다는 것은 얼굴이
붉어지지 않고 호흡이나 심장박동이 처음 시작할 때의 평정상태를 잃
지 않도록 한다는 뜻이다.

　　끝나고 나서 발을 거두어 처음과 같이 단정히 앉은 다음, 입 속에 침
이 생길 때까지 기다려서(침이 잘 생기지 않으면 (3)의 방법을 거듭한다) 세
번에 나누어 꿀꺽 삼킨다. 같은 요령을 3번 거듭하여 결국 아홉 번 침
을 삼키게 된다. 꼬르륵꼬르륵 침 내려가는 소리에 모든 경맥이 고르게

되는 것이다.

이어서 어깨와 몸을 흔들며 스물네 번 왼쪽 오른쪽 물긴고 다시 두 손을 함께 두레박으로 물을 길어올리듯 하기를 스물네 번 하고 나서 아랫배(단전)에 생긴 뜨거운 것이 아래로부터 위로 올라와서 온 몸을 태운다고 생각한다.

이 때에는 잠시 숨을 멈춘다.

이어서 그대로 성좌靜坐 상태로 들어갈 수도 있다.

•효과•
삿된 기운이 가까이 오지 못하고 잠자리에서도 정신이 바른자리를 지키고 있게 되어 몸도 병들지 않고 마음도 병들지 않으며 추위와 더위가 침입하지 못하고 재앙과 병이 들어오지 못한다. 매일매일 아침저녁으로 순서에 따라 행하면 몸 속의 이치와 자연의 이치가 합쳐져서 몸 속에서도 몸 밖에서도 자연의 온전한 모습이 갖추어진다.

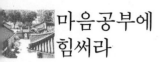

마음공부에
힘써라

스스로의 인격을 위한 공부가 중요하다

훌륭한 사람이 되기 위해 익혀야 할 공부는 스스로의 인격을 위한 것일 따름이다.

스스로의 인격을 위한 공부는 우주의 진리와 인간의 윤리 도덕을 마땅히 알아야 할 것으로 삼고, 덕을 베푸는 행실을 마땅히 실천해야 할 것이라고 여긴다. 내 몸과 내 몸에 가까운 곳에서부터 공부를 시작하여 마음으로 깨달아 얻고 몸으로 실천하려고 노력하는 것이 바로 이 공부이다.

남의 이목 때문에 하는 공부와는 다른 것이다. 남의 이목을 생각하여 하는 공부는 마음으로 깨달아 얻는 일이나 몸으로 실천하는 일에는 힘쓰지 않는다. 겉으로 꾸며서 남들이 어떻게 보아줄 것인가 하는 점에만 관심을 두고 이름나고 칭찬받기를 구한다.

깊은 산, 수풀이 무성한 속에 한 떨기 난초 꽃이 피어있다고 하자. 하루 종일 맑은 향기를 내보내건만 난초 자신은 그것이 향기로운 것인지도 모른다. 이것이 바로 훌륭한 사람이 하는 스스로의 인격을 위한 공부의 뜻에 딱 들어맞는 예이다. (17-46: 이덕홍기록)

스승이 있어야 한다

내가 젊을 때부터 이 길에 뜻을 두었으나, 깨우쳐줄 스승이나 벗이 없었다. 그래서 몇십 년 간을 밤잠도 안 자고 이 길로 들어갈 문이나 처음 시작해야 할 곳을 찾느라고 헛되이 몸과 마음만 낭비하였다. 결국 마음에 병을 얻었고, 일을 거의 폐지한 상태에 이르렀다. 그러다가 늦게야 비로소 그것을 깨닫게 되어 다시 이 큰 일을 마무리하고자 하는 것이다. (17-11: 김부륜기록)

꿋꿋해야 한다

이 공부를 하는 사람이 만약 어떠한 경우를 당해 그것이 자기에게 명예로울 것이냐 아니냐를 헤아리거나 높은 지위를 가져올 것이냐 아니냐를 걱정한다면, 그 사람은 이미 자기가 공부하는 사람이라는 입장을 스스로 확신하기 어려울 것이다.

그리고 안으로 충실한 공부를 하지 않아서 갑자기 남다르게 특별한 주장을 하여 남들에게 이상한 사람이라 손가락질 받는다면, 스스로를 지켜낼 수가 없을 것이다.

요점을 말한다면, 공부하는 사람은 모름지기 꿋꿋해야만 비로소 스

스로의 입장을 확실히 하여 그를 지킬 수 있을 것이라고 하겠다. (17-13: 김
부륜기록)

인간과 자연을 깊이 있게 관찰하라

퇴계 선생은 타고난 착한 본성을 잘 지키고 기르기 위해 장엄하면서
도 공경하는 자세를 지키며 노력하였다. 특히 남이 보지 않고 자유로운
혼자만의 곳에서 더욱 엄격하게 노력하였다.

일상생활에서는 새벽 일찍 일어나서 반드시 세수하고 머리 빗고 관
을 쓰고 옷을 갖춘 다음, 종일토록 책을 보곤 하였다. 그러다 때로 해가
뜰 때까지 향을 피우고 조용히 앉아 자신의 마음을 돌이켜 살피며 가
다듬기도 하였다. (17-13: 김성일기록)

남이 보지 않는 곳에서 더욱 엄격하라

우주 안의 모든 것이 운행하고 변화하는 모습을 보면, 그렇게 되는
어떤 기운을 생각할 수가 있다. 그 기운은 각각의 것들이 처음 이루어
질 때부터 이미 저절로 맑은 것도 있고 흐린 것도 있으며 순수한 것도
있고 이것저것 섞여 있는 것도 있다.

들에 피어 있는 꽃 한 송이를 예로 들면, 봄에 일찍 피는 것도 있고
늦게 피는 것도 있으며 큰 것, 작은 것도 있다. 아주 화려한 것도 , 그저
수수한 것도 있어 그것들이 각각 타고난 정도가 한결같지 않은 것과 같
다 하겠다.

이로부터 나아가서, 우선 우리 사람이라는 존재가 다른 것들보다 특히 빼어난 기운을 타고났다는 것을 알고 그렇게 타고난 이치를 잘 살펴서 그 이치에 익숙해지도록 한다. 그러면 인류 이외의 여러 가지 것들이 한결같지 않은 기운을 받은 사실에 대해서도 저절로 깨닫는 바가 있게 될 것이다. (17-27: 김룡기록)

그러나 동시에, 그 모든 것들 하나하나에는 모든 운행과 변화를 통틀어서 근본 바탕이 되는 진리가 한결같이 들어 있음도 잊어서는 안 된다.
마치 하나의 달덩이가 아주 큰 바다이든 아주 작은 그릇의 물이든 가리지 않고 비추는 것과 같다. 하나의 물그릇에 비친 달일지라도 그 그릇이 작다는 이유로 달이 아니라고 할 수는 없는 것이다. (17-28: 김룡기록)

마음 닦는 공부를 하라
• 욕심을 막는 일이다 •
밑 빠진 독을 채우는 일 같은 이 공부는
쓰라림을 달갑게 견뎌내야 하는데
피 흘리며 성을 지키는 전투와도 같아서
남들과는 관계가 없는 일이다.
만약 가르침을 실천하지 않는다면
들꽃 피는 산 속의 나무꾼 길 같아서
봄바람 언뜻 불면 잡초가 다시 우거지네. (1-160)

• 마음을 살핀다 •

마음의 움직임을 여의고
진리 앞에 경건함을 지키고자
옷깃을 단정히 할 뿐이네.
글쎄…
마음으로 마음을 본다니
마음이 둘인가…?
이 뜻을
희로애락이 피어나기 전
마음속을 살펴라 가르치시던
옛 스승에게 묻고 싶구나.
얼음 항아리에 비친 가을 달과 같아서
아득하기만 할 뿐 찾아낼 길이 없네.

• 마음을 보존한다 •

모두 함께 취하여
세상 모르고 잠든 가운데
나 홀로 깨어 있는 일인데
제대로 조절하고 지킴에 있어
가장 어려운 일은
울려오는 종소리 들어봄이네.
안으로든 밖으로든 바르게 하려는 노력은
나 스스로 말미암을 뿐이니

한 점 구름이라도 일으켜서

밝은 해 속에 얼룩점 남기는 잘못 없게 하리라. (2-41)

• 고요함을 지킨다 •

이 몸 지킴에 귀한 것은 흔들림이 없는 것이요.

이 마음 기르는 일은 마음이 싹트기 전 상태를 따르는 것이다.

참으로 고요함을 근본 삼지 않으면

움직일 때에 마치 축이 고장난 차와 같게 되네.

나는 타고나기를 산골에 숨어살기를 좋아하여

티끌 먼지는 털어 없앤 지 오래라 하였더니

하루 아침 세상맛을 보게 되자

정신은 그 먼저 밖으로 빠져나갔음이 느껴지거늘

하물며 도시 속에서 욕심의 바다가 앞뒤에서 넘실거림에랴.

그대는 삼베옷 입은 사람으로서 난초를 심었으니

어찌 스스로 그것을 베어버리겠는가?

그대 집 들어가는 어귀엔 싸리문을 굳게 닫아걸고

그대 집 우물엔 흙탕물 일지 않게 하며

그대 방 네 벽에는 진리의 그림과 책을 채워놓고

향을 사르며 모든 것을 뛰어넘어 앉아있게나.

밝거나 어둡거나 선악과 이해득실을 잘 판별하면

마음이라는 하나의 장수가 생각이라는 천만의 졸개를 지휘하게 되리니

어찌 진리의 길 걷는 선비가 되어

품은 보배를 팔려다가 스스로를 해칠 것인가?

얻음과 잃음이 더욱 얻음과 잃음을 가져와서

하늘과 땅처럼 벌어진다네.

그대 두 사람은

오로지 이 일에 정력을 바치기 바라네.

늙은 나 또한 정성을 다할 것이네. (2-223)

제자 이덕홍이 물었다.

"때때로 마음속에서 마치 양수기로 물을 퍼올리는 듯이 무엇이 솟구쳐 오르는 느낌이 일어나는 것은 무엇 때문입니까?"

퇴계 선생이 답하였다.

"마음의 기운이 편안하게 자리를 잡지 못해서 그런 현상이 일어난다. 마음은 본래 무엇이든 한없이 받아들이면서 고요할 수 있는 것이다. 때문에 오직 마음을 잘 가라앉혀서 편안하게 자리잡고 있게만 하면 그와 같이 들끓어 오르는 일은 일어나지 않는다." (17-29: 이덕홍기록)

스스로 성인이 되는 공부를 하라

우리의 마음은 무엇이든지 받아들일 수 있으면서 신령한 능력을 갖고 있고, 진리는 확실하게 우주에 가득 차 있습니다. 그렇기 때문에 마음을 비워서 그 신령한 능력을 일으켜서 진리를 깨달아 나의 생각이 슬기로워지면 나 또한 오늘날 성인이 될 수 있는 것입니다.

그러나 이 일은 진리 앞에 공경한 마음의 태도를 지녀서 마음을 잘 다스리면서 진리를 찾아보려고 깊이 파고들지 않으면 성공할 수 없습니다. 때문에 이 일을 성공하기 위해서는 홀로 깊은 사색을 하면서 한편으로는 배워야 합니다. 배운다는 것은 어떤 일을 알게 되면 그 일을 몸에 익혀 참으로 실천한다는 것입니다.

무릇 성인이 되는 학문인 이 일은 곧바로 마음에서 얻어내야 합니다. 그렇지 않으면 어두워져서 아무 것도 얻을 수 없게 됩니다. 때문에 반드시 깊은 사색을 통해 마음에 녹아있는 알 듯 모를 듯 무어라 설명하기 어려운 진리에까지 이르러야 합니다. 그러나 그 안 것에 그치고 그 내용을 몸에 익혀 실천하지 않으면 언제 어떻게 무너질지 위태롭고 불안한 상태에 머물고 맙니다. 때문에 안 것은 반드시 몸으로 익혀 실천하는 공부를 해야 합니다.

이 공부를 위해서는 진리 앞에 경건한 마음을 지키는 방법을 따르는 것이 좋습니다. 진리 앞에 경건한 마음을 지키면 마음속으로 하는 사색과 몸으로 하는 실천을 함께 할 수가 있습니다. 움직일 때나 움직이지 않을 때나 한결같이 적용되며 나 스스로와 나 아닌 것을 합칠 수 있고 눈에 보이는 것과 보이지 않는 것을 한 가지로 볼 수 있습니다. 참으로 훌륭한 공부 방법입니다.

진리 앞에 공경한 마음을 지키기 위해서는 몇 가지 요령이 있습니다. ①나의 마음을 가지런하고 장엄하며 고요하고 한결같이 유지되도록 하는 일, ②널리 배우고 깊이 있는 의문을 신중하게 생각하며 밝게 판단함을 통해 진리를 깊이 파고들어 가는 일, ③보이지도 들리지도 않는 세계에 대한 두려움을 가지고 그러한 세계에서 지켜야 할 것을 날로 엄하게 지키며 날로 경건해지는 일, ④남이 보지 않고 숨어 있어서 있는지 잘 알 수가 없고 나 홀로 세계에서 움직이는 이 마음의 미묘한 낌새를 날로 정밀하게 살펴보는 일 같은 것이 그 요령입니다.

이 요령대로 하면, 우주의 이치가 나타나 있는 어떤 하나의 그림에 대해 생각할 때에는 오로지 그 그림 하나뿐이어서 다른 그림이 있는 줄 모르는 것 같고 어떤 하나의 일을 익히는 경우에는 오로지 그 일 하나뿐이어서 다른 일이 있는 줄 모르는 것같이 됩니다.

아침저녁으로 언제나 그러하기를 오늘도 내일도 계속합니다. 때로는 하늘이 맑고 깨끗한 밤에 실타래를 풀어가듯 맛을 보기도 하고 때로는 일상생활에서 몸으로 겪으면서 길러 갑니다. 그러면 처음엔 마음대로 안 되고 모순되는 일도 있으며 가끔은 너무 괴롭고 짜증도 나겠지만, 그것 또한 앞으로 크게 진전이 있을 징조입니다. 그 때문에 스스로 그만둬서는 안 됩니다. 더욱 자신을 가지고 힘써서 참된 성과가 쌓이기를 오랫동안 합니다. 그러면 마음과 진리가 저절로 서로가 서로를 적셔 기르게 되어 알지 못하는 사이에 하나되어 확 통하게 됩니다. 나아가 내가 익힌 것에 비추어 현재 나에게 닥친 일이 마치 예로부터 이미 알고 있었던 것 같아집니다. 그래서 차츰 모든 행동이 순탄하고 자연스럽게 됨을 스스로도 알게 될 것입니다. 처음에는 무엇이든 따로따로 그 하나에만 오로지 공을 들였었지만, 이제는 그 모든 것이 하나의 근원에서 만나게 될 것입니다.

일상생활에서도 스스로를 낮추고 남을 공경하게 됩니다. 내 마음의 근본이 흔들리지 않을 뿐만 아니라 희로애락을 표현하게 되는 경우에도 그 모두가 절도에 맞게 됩니다. 높고 낮고 귀하고 천한 것 모두를 만족스런 자리에 있게 하고 길러 줄 수 있는 공을 이룰 수 있게 됩니다. 덕행이 윤리를 벗어나지 않게 되어 하늘과 사람이 하나로 합쳐지는 묘한 이치를 얻을 수 있습니다.

진리를 깨달아 성인이 되는 요령과 근본을 바로잡아 나라를 다스리는 근원이 모두 여기에 있습니다. (3-99-101:「성학십도를 임금께 올리는 글」)

마음이 움직일 때와 고요할 때를 함께 꿰뚫어 통하라

일이 없을 때는 본디 마음을 보존하고 본성을 기르는 공부를 독실하게 할 뿐입니다. 학문을 강습하거나 사람이나 사물을 응접할 때에는 올바른 도리를 생각하고 헤아릴 뿐입니다. 대개 올바른 도리를 생각하기 시작하면 마음이 이미 움직여서 벌써 고요함의 경지에는 속하지 않게 되기 때문입니다.

그러나 이 뜻은 분명 알기 어려운 것이 아님에도 불구하고 사람들 중에서 참으로 아는 이가 드뭅니다. 그래서 마음이 고요할 때에는 생각을 하지 않는다고 말을 하니까 곧 그윽히 어둡고 적막하고 텅텅 빈 상태라고만 인정합니다. 마음이 움직일 때에는 생각하고 헤아린다고 말을 하니까 곧 어수선하게 바깥 세계의 사물을 뒤쫓아가서 전혀 올바른 도리 위에 있지 않을 수도 있다고 생각하곤 합니다. 그러므로 이름으로는 학문을 한다고 하면서도 끝내 학문에서 힘을 얻지 못하게 되는 것입니다. 오직 진리 앞에 경건한 마음을 지키는 노력이 마음이 고요할 때나 움직일 때 모두를 꿰뚫어 통해야만 그 공부를 이루는데 거의 어긋남이 없을 것입니다. (5-49: 이율곡에게 답한 편지)

평소에 일이 없을 때에는 바로 근본 바탕을 수양하며 근엄한 태도로 사색하는 마음가짐을 해야 합니다. 마음을 분산시키지 말고 완전한 하나가 되게 흐리멍텅한 속으로 떨어지지 말고 항상 깨어 있어야 되는 때입니다. 한 생각이라도 잡스럽게 싹트면 그 사사로운 것을 막고 진리만을 보존해야 하는 것입니다. 그러나 모든 것을 싹 쓸어 마음에서 몰아낸다는 것은 될 수 없는 일입니다. 무릇 일이 없을 때에는 참으로 고요하게 마음을 보존하며 수양하는 것이 마땅하지만 한편 당연히 생각해야 할 것이 있을 때에는 생각을 해야 한다는 것입니다. 그럴 때에 능히 마음을 오로지 완전한 하나가 되게 하면서 다른 곳으로 달려가지 않으면 그것이 곧 고요한 속에서 움직이는 것이 될 것입니다. 그리해야 아마도 마음을 지키는 일에 해로움이 없을 것입니다.

일이 없을 때에 마음을 지키는 방법을 논하면서, ①언제나 깨어 있으면서 생각을 버리기만 하라고 하는 것은 한결같이 고요함만을 지켜 움직이지 않으려고 하는 것에 속하고 ②언제나 생각을 멈추지 않으면서 깊이 파고 들어가기만 계속하는 것은 움직임에 치우쳐서 고요할 때가 없는 것입니다.

주자朱子께서 항상 잠만 자고 있어 깨어남이 없거나 항상 다니기만 해 쉬지 않는 병이라고 지적한 것입니다. (7-270: 김돈서에게 답한 편지)

마음 하나로 만 가지 일을 주재하는 공부를 하라

한 가지 일을 생각하기 시작하면 동시에 다른 일이 닥쳐 있을지라도 생각할 겨를이 없도록 한다고 했습니다. 본래 우리 공부에서는 마음을 두 갈래로 써서는 안 되기 때문에 한 가지만을 하기 위해 당연히 그렇게 해야 할 것입니다. 그러나 모든 경우에 그렇게 말하게 되면 그 또한 도리에 맞지 않는 경우가 있습니다.

  예를 들어 지금 어떤 사람에게 동시에 보고 들어야 할 일이나 손과 발을 한꺼번에 사용할 일이 닥쳐왔다고 합니다. 참으로 공부한 바에 충실한다고 하면서 듣는 데에만 오로지 마음을 쏟고 보는 데에는 전혀 마음을 두지 않거나 손을 놀리는 데에만 오로지 마음을 쏟고 발을 놀려야 할 데에는 전혀 마음 두지 않는다면 어찌 되겠습니까? 어찌 한 가지는 제대로 되고 나머지는 잘못됨에 그치고 말겠습니까? 당연히 마음을 주어 관리했어야 할 것을 관리하지 않고 그대로 내버려둔 부분 속에 마음을 써서 대응할 것과 대응하지 않을 것이 있었을 것입니다. 나아가서 이러이러하게 대응했어야 함에도 불구하고 멍청하고 어리석게 넘어간 결과를 보게 될 것입니다. 이렇게 되면 이것이 바로 마음이 맡은 바 임무를 다하지 못한 경우에 해당합니다. 이런 식으로 온갖 변화하는 일에 대응한다면 어찌 절도에 맞도록 할 수 있겠습니까?

  그래서 나는 다음과 같이 생각합니다. 정자程子께서 군자는 항상 보는 것은 분명하게 하고 듣는 것은 총명하게 하며 얼굴 색은 온화하게 하고 몸가짐은 공손하게 하며 말은 충성스럽게 하고 일은 공경스럽게 하며 의심나는 것은 묻고 노여움이 날 때에는 곤란한 결과를 초래하지 않을까 생각하고 이득이 있으면 도리에 맞는가 생각하는 것이 공자의 말씀임을 확인해야 한다고 말하였습니다. 그리고 그 아홉 가지 생각함이 결국 각각 하나에 오로지 하는 일로 귀착된다고 말한 것을 다시 생각해 봅니다. 그것은 한 가지 일에 나아가되 마음은 두 가지로 쓰는 경우가 생겨서는 공부하는 도리에 맞지 않다는 것을 말한 것으로 생각됩니다.

만약에 많은 일을 한꺼번에 당해서 왼쪽으로 갔다가 오른쪽으로 갔다가 하는가 하면 저쪽으로 갔다가 이쪽으로 왔다가 한다면 어찌 복잡하게 얽힌 채 한꺼번에 닥친 그 많은 것을 한편 생각하고 한편 대응해낼 수 있겠습니까? 오직 마음이 모든 일을 거느려서 주재함이 그 가운데에 우뚝 자리잡고 있으면서 모든 일의 벼리가 되어야 합니다. 그래야만 그 밑에서 대응할 여러 일들의 눈에 보이지 않는 낌새가 저절로 몸의 눈, 귀와 팔, 다리에 나타나게 되고 나의 몸이 말 없이 그 낌새를 깨달아서 적절히 처리하게 될 것입니다. 그래서 처리하지 못하고 빠뜨리는 마디가 없게 되지 않겠습니까?

능히 그렇게 될 수 있는 이유는 대개 사람의 마음은 텅 비어 있으면서도 신령스러워서, 헤아릴 수 없으면서도 온갖 이치가 본래 다 갖추어져 있기 때문입니다. 사물을 느껴서 반응을 일으키기 전부터 지각이 흐리멍텅하지 않도록 평소에 진실로 수양을 쌓게 되면, 굳이 일마다 생각을 두지 않더라도 골고루 비추고 널리 대응하는 미묘한 능력이 마음에 있기 마련입니다.

하나를 주로 한다는 것은 마음을 분산시키지 않고 오로지 완전히 하나되게 하는 것입니다. 일이 없으면 조용히 안정해서 움직이는 사물에 놀라지 않다가 일이 있으면 그 일에 따라 변화에 대응할 뿐, 다른 데에는 마음을 쓰지 않는다는 것입니다.

그리고 어떤 일이 생기면 그 일을 주로 한다는 말이 있는데, 그것은 바로 그 일 하나를 주로 삼아서 마음을 완전한 하나되게 한다는 것입니다. 만약 그 일에 얽매이거나 미련이 있으면 그것은 사사로운 생각이므로 반드시 일은 이미 지나 갔음에도 불구하고 마음에는 잊지 못하고 남겨두는 잘못이 나타나거나 몸은 여기 있음에도 불구하고 마음은 저쪽에 가있는 어리석음을 보게 될 것입니다. 그렇게 되면 마음이 이리저리 갈라져서 완전한 하나를 주로 하지 못하게 될 뿐만 아니라 오히려 우리가 공부한 것과 반대로 가게 될 것입니다.

깊이 생각해 보면, 하나의 마음은 만 가지 일을 거느릴 수 있지만 만 가지 일은 하나의 마음에 명령할 수가 없습니다. 때문에 마음이 능히 모든 것을 거느리고 주재하게 되므로 마음이 오로지 완전한 하나로 되면 생각하기를 기다리지 않더라도 능히 일을 그 상황에 따라 절도에 맞게 할 수가 있습니다.

다만 한 가지 일을 생각하기 시작했으면 다른 일을 생각할 겨를이 없다는 것으로만 이해한다면 아마도 오히려 그 일에 얽매이는 바가 될 것입니다. 그래서 주자朱子의 말씀처럼 얽매이거나 미련을 갖는 사사로운 생각으로 결국 이리저리 갈라져서 완전한 하나를 지키지 못하는 병폐를 이루게 됩니다.

일에 대응함에 있어서 선하거나 악하거나 크거나 작거나를 말할 것 없이 모두 다 마음속에 두면 안됩니다. 마음속에 둔다는 말의 뜻은 집착하거나 얽매임을 당하는 것을 가리킵니다. 마음으로 미리 목표를 정하거나 인위적으로 조장하거나 공로를 바라거나 이익을 헤아리는 갖가지 병통이 모두 여기서 생겨납니다.

그러나 하루에 세 번 스스로를 반성한다고 할 때와 같은 마음가짐은 없앨 수가 없습니다. 한편 하루에 세 번 스스로 반성한다고 할 때와 같은 마음가짐은 마음의 움직임에 붙어 있는 것도 아니고 붙어 있지 않은 것도 아닙니다. 공부하는 상태를 가리키는 것입니다. 조용히 있을 때에는 우주 진리의 본래 그러한 대로를 기르고, 움직일 때에는 인간적인 욕심을 그 싹트는 낌새에서 끊었는가를 살피는 것입니다. 그렇게 하기를 참으로 오래도록 힘쓰고 쌓아서 익숙하기에 이르면 마음에 움직임이 없어 조용할 때에는 마음이 텅 비고, 움직일 때에는 바르고 왜곡됨이 없게 됩니다. 일상생활속에서 비록 생각이 백 번 일어났다가 백 번 사라진다고 할지라도 마음은 본래 그대로입니다. 마음이 본래 그대로이기 때문에 쓸데없고 잡스런 생각들은 저절로 나의 근심거리가 될 수 없습니다. (7-262~265: 김돈서에게 답한 편지)

　오는 사람을 맞이하지도 않고 가는 사람을 따라가지도 않는다는 말에 대해 논한 것은 큰 줄거리가 옳았습니다. 비유하면, 한 집안의 주인은 언제나 집안에 있으면서 집안 일을 주관하다가 밖에서 오는 손님을 만나게 되면 자신은 문 안에서 맞이하고 그 손님이 가더라도 문을 떠나지 않는 것과 같습니다. 주인이 손님을 전송함이 그와 같으면 비록 매일같이 맞이하고 보낸다고 할지라도 집안 일에 무슨 방해가 되겠습니까? 그렇지 않으면 동서남북에서 손님이 많이 오게 될 경우 자신은 문득 문밖까지 나가 맞이해 집 안으로 들어와 접대하느라 바빠서 쉬지도 못할 것입니다. 손님이 갈 때에도 또한 그러할 것이니, 그렇게 되면 자신의 집에는 어느덧 주관할 사람이 없어지고 도둑들이 설치며 집을 부수고 황폐하게 만들 것입니다. (7-269: 김돈서에게 답한 편지)

　고전 속에는 마음 공부에 대해 아주 훌륭하게 비유해 놓은 옛 이야기들이 있습니다.

『열자』에 어떤 사람이 금이 탐난 나머지 주위 사람들이 보고 있는 데도 전혀 아랑곳하지 않고 금은방에 들어가서 금을 주머니 속에 집어넣었다가 잡혀서 벌을 받았다는 이야기가 있습니다. 죄를 다스리는 관리가 그에게 많은 사람들이 보는 가운데에서 도둑질을 하게 된 동기를 묻자, 그는 자기 눈에는 금만 보였지 옆에 사람들이 있는지 없는지 보이지 않았다고 대답하였습니다.

『예기』에는 정장 차림을 하고 고상한 음악을 들으면 자꾸만 졸리다가 잠이 들곤 하는데 음탕한 음악을 들으면 재미 있어 더 눈이 말똥말똥해진다는 어떤 제후의 이야기가 있습니다.

『삼국지』에는 권세를 잡고 있는 조조와 유비가 함께 식사하는 대목이 나옵니다. 조조가 유비에게 "지금 세상에는 그대와 나만이 영웅인 것 같다"고 말을 하자, 유비가 깜짝 놀란 나머지 손에 쥐고 있던 숟가락을 놓쳤습니다.

이 이야기들은 모두 마음이 사람의 행동을 주재한다는 것을 가르치려는 것입니다. 금을 훔친 사람의 마음은 그 당시에 옆에서 보고 있던 사람들에게 있지 않고 금에만 있었던 것입니다. 고상한 음악을 들으면 졸리고, 음탕한 음악을 들으면 정신이 번쩍 드는 사람의 경우에는 그의 마음이 고상한 곳에 있지 않고 음탕한 쪽에 있는 것입니다. 유비가 숟가락을 놓친 것은 그의 마음이 숟가락에 있지 않고 조조가 자기의 속마음을 알아차리지나 않을까 하는 데에 있었기 때문입니다.

이 이야기들의 예로 미루어 살펴보면, 수양하려는 사람은 반드시 스스로의 마음을 거두어들여서 그것을 자기가 닦고 기르려고 하는 스스로의 몸속에 있는 마음의 제자리에 보존하여 놓고 스스로를 주재하도록 해야 한다는 것을 알 것입니다. (10-54~55: 잡저·변론)

진리 앞에 경건한 마음을 지켜나가는 요령

• 경재敬齋에 걸어두고 익힌 글* •

옷과 관을 바르게 입고 눈매를 우러르듯 엄숙하게 하며 마음을 가라앉혀 생활하면서 언제나 하느님 앞에 마주 서있듯이 한다.

발걸음은 반드시 무겁게 하고 손놀림은 반드시 공손하게 하며 땅을 가려가며 밟으니, 개미집일지언정 밟지 않고 비켜서 간다.

문을 나서면 손님같이 하고 일을 받았으면 제사지내듯 정성을 다하면서 조심조심 잠시라도 쉽게 처리하지 않는다.

입은 병마개를 닫은 듯 지키고 마음속 뜻은 성을 방어하듯 지키면서 공경하고 조심해서 조금이라도 가볍게 움직이지 않는다.

동쪽에 뜻이 있으면서 서쪽으로 가는 일 없고 남쪽에 뜻이 있으면서 북쪽으로 가는 일 없으며 일을 맡아서 몸담게 되면 그에 전념하고 다른 곳으로 돌아다니지 않는다.

하나를 더 보태어 둘로 만들지 않고 이것저것 늘어놓아 셋을 만들지

---

* 주자가 스스로의 인격을 수양하기 위해 글 읽는 방 벽에 마음을 다스리는 요령을 정리하여 써붙여놓고 날마다 익히던 글로 『경재잠敬齋箴』이라 한다.

않으며 오직 한결같은 마음으로 만 가지 변화를 굽어살핀다.

이러한 일에 몸을 담는 것, 이것을 바로 진리 앞에 경건한 마음을 지키는 것이다.

움직일 때에도 움직이지 아니할 때에도 이에 어긋나지 않게 겉으로도 속으로도 서로서로 바로잡도록 한다.

눈 깜작할 사이라도 틈이 생기면 사사로운 욕심이 만 갈래로 갈라져 불 없이도 뜨겁고 얼음 없이도 차갑게 된다.

터럭 끝만큼이라도 벌어짐이 있으면 하늘과 땅이 뒤바뀌고 윤리 도덕이 성난 파도 속으로 침몰하니 모든 질서도 따라서 깨지고 만다. (3-149: 성학 십도·경재잠)

• 아침 일찍 일어나서 밤에 잠들 때까지 익힌 글* •

닭이 울면 깨어난다. 차츰 생각이 살아나서 말 달리듯 되는데 이때에는 조용히 마음을 정돈해야 한다.

때로는 지난 허물을 되살피기도 하고 때로는 새로 얻은 것을 찾아내서 하나하나 분명하고 조리 있게 정리하여 말 없는 가운데 확실히 내 것을 만든다. 이것이 그 날 하루의 근본이 되는 것이다.

근본이 섰으면 자리를 털고 일어나는데, 아직 새벽일 것이다. 세수하고 머리 빗고 옷차림을 가지런히 하면서도 위엄 있게 한 뒤에 다시 단정히 앉아 마음과 몸을 거두어잡는다.

---

* 『숙흥야매잠夙興夜寐箴』이라 부른다. 송나라 진백陳栢이 지은 것으로 일상생활 속에서 공경함을 지켜나가는 공부를 하는 사람이 기준으로 삼아야 할 요령을 말하고 있다.

그래서 마음이 떠오르는 태양같이 엄숙하고 흐트러짐 없이 정돈되며 텅 비면서도 밝고 흔들림 없으면서도 한결같게 되도록 한다.

　그렇게 되었으면 책을 펴고 성현님들을 마주 대한다. 공자께서 내 앞에 앉아 계시고 안자顔子·증자曾子가 그 앞뒤에 서 있음을 느낄 수 있을 것이다.

　성인이신 공자의 말씀을 경건한 마음으로 직접 듣고 있듯이 듣고, 그 제자들이 묻고 따졌던 말들을 거듭거듭 여러 자료들과 대조하며 분석, 검토해 바른 결론을 얻어낸다.

　그러다 보면 세상살이하는 일이 생기기 마련이다. 일이 생기면 그것을 받아들여 처리하는데, 지금까지 익힌 공부가 자기의 행위에 얼마나 반영되는가를 스스로 겪어보고 평가해 본다. 스스로를 속일 생각일랑 아예 하지 말고 언제나 환하게 밝은 하늘의 명령에 주목해야 한다.

　일을 맞이하여 대응함이 끝나면 곧 일을 떠나 조금 전의 나로 돌아와서 마음이 고요하게 되도록 정신을 모으고 생각을 쉬어야 한다. 모든 것이 움직임이 지극하면 고요함으로, 고요함이 지극하면 움직임으로 시계바늘 돌듯 순환하기 마련이지만, 마음만은 그 순환의 굴레를 벗어나 있으면서 가만히 스스로를 살펴보고 있도록 한다. 움직임이 없으면서 고요할 때에는 흐트러짐이 없도록 잘 보존하고 움직이면서 작용할 때에는 잘못되는 낌새가 없는가 자세히 살핀다. 마음이 두 갈래 세 갈래로 쪼개지지 않도록 하는 것이다.

　공부 중에는 반 이상의 시간을 책을 보게 되는데, 틈틈이 쉬는 시간을 갖는다. 쉬는 시간에는 모든 것을 풀어놓고 한가롭게 노닐며 정신 긴장을 풀어서 마음의 바탕과 정서情緖를 쉬게 하는 것이 중요하다. 깨끗한 냇물에 몸을 담거나 샤워를 할 수도 있을 것이다.

해가 저물면 몸과 마음이 고달픔을 느끼게 되므로 흐린 기운이 그 틈을 타고 들어오기 쉽다. 마음을 장엄하고 무게 있게 가다듬어 정신의 밝음을 더욱 떨치도록 해야 한다.

밤이 깊어지면 잠자리에 들어가는데, 손과 발을 가지런하게 하고 생각을 일으키지 말면서 몸과 마음이 영혼까지도 참으로 잠들게 한다. 이렇게 하면 잠을 자는 동안에도 밤 기운이 나를 기르게 되는 것이다.

모든 현상은 끝이 있으면 시작이 있고 열매가 맺으면 싹이 돋게 마련이니, 훌륭한 하루를 훌륭하게 마치면 또 다시 훌륭한 내일이 시작되는 것이다.

생각을 언제나 끊임없이 여기에 매어두고 지키면서 밤낮으로 부지런히 힘쓴다.

이것이 진리 앞에 공경하는 마음을 지켜나가는 사람의 하루하루이다. (3-153: 성학십도·숙흥야매잠)

• 안과 밖을 함께 서로 수양하는 도리이다 •

진리 앞에 경건한 마음을 지켜가며 진리의 길을 닦는 요령에 관하여 진서산眞西山* 선생이 말하였습니다. "마음이 하나되어 모든 것을 주재하면서 이리저리 벗나가지 않도록 하되 ①가지런하게 다듬고 엄숙하게 여

---

* 진서산: 1178~1235. 남송 복건성 포성浦城 사람으로 이름은 덕수德秀, 자는 경원景元, 희원希元이다. 주희 제자의 제자로서 대학을 중요시했으며 핍박받던 주자학을 부흥시키는데 큰 공로를 하였다. 저술로 『서산문집』, 『대학연의』, 『사서집편』 등이 있다.

미는 일로써 실마리를 잡는다고 가르친 선생도 있고 ②언제나 변함없이 깨어 있도록 한다고 가르친 선생도 있고 ③스스로의 마음을 거두어들여서 어떠한 사물도 그 속에 자리잡지 못하게 한다고 가르친 선생도 있다. 결국 세 분 선생의 말을 합하여 힘을 쓴 뒤에야 비로소 안과 밖이 함께 서로 수양되는 도리가 생긴다."

다만, 지금 처음 이 길로 들어서면서 힘을 들여야 할 곳을 찾는다면 마땅히 정이천程伊川 선생이 가르친 대로 가지런하게 다듬고 엄숙하게 여미는 일부터 먼저 해야 할 것입니다. 그렇게 하기를 게을리하지 않으면 마음이 완전한 하나로 되어 나쁜 것 사특한 것들로부터 침범당하지 않을 수 있게 될 것입니다. 마음이 완전한 하나로 되어 모든 것을 주재하면서 이리저리 빗나가지 않도록 하는 일이나 언제나 변함 없이 깨어있도록 하는 일이나 스스로의 마음을 거두어들여서 어떠한 사물도 그 속에 자리잡지 못하게 하는 일이 모두 그 속에 있어 따로따로 단계를 나누어 공부하지 않아도 됩니다.

그러므로 주자께서는 "진리 앞에 경건한 마음을 지켜가며 진리의 길을 닦는 일은 말을 많이 할 필요가 없다. 다만 가지런하게 다듬고 엄숙하게 여민다거나, 몸가짐을 엄중하고 위엄있게 한다거나, 길고 짧은 생각을 가지런하게 간추린다거나, 옷매무새를 바르게 한다거나, 존경해야 할 것을 존경해 우러러본다는 것 같은 몇 개의 말들을 몸에 푹 배도록 내 것을 만들면서 실천을 통해 공부하기만 하면 되는 것이다. 그러면 몸과 마음이 깨끗하고 흔들림이 없어져 안팎이 한결 같아, 이른바 내면 세계에서 곧바르게 된다거나 마음이 한 곳으로 집중되어 하나가 된다는 것이 그렇게 되려는 생각을 기다리지 않고도 저절로 이루어지게 된다"고 말했습니다.

마음이 하나 된다고 말할 때에, 그 하나라는 말은 세상 모든 사물에 상대적 측면이 있는 것과는 달리 상대적 측면을 곁들이지 않아서 둘이 아니라는 뜻으로 완전함을 잃지 않고 이것저것 섞이지 않았다는 뜻이며, 또한 언제나 변함없이 한결같다는 뜻이기도 합니다. (7-321~322: 김이정에게 답한 편지)

마음을 놓느냐 잡느냐에 달려 있을 뿐이다

마음에 움직이는 마음이 있고 움직임을 여의고 지극히 고요한 마음이 있다고 말하거나 들뜬 생각, 사특한 생각, 사물에 이끌리는 생각 등이 어지럽게 요동쳐도 지극히 고요한 마음은 본래 그대로 움직임이 없다고 말하는 사람이 있습니다. 그러나 마음은 언제나 하나인 것이지 움직이는 것과 고요한 것 둘이 있는 것이 아닙니다. 마음은 신령스럽고 밝아서 불가사의하게 두루 흘러다닙니다. 그것을 잡으면 보존되어 고요해지고 놓아버리면 흩어져서 어두워지고 번잡하고 산만하게 됩니다. 그 모든 것이 마음을 잡느냐 놓느냐에 달려 있을 뿐입니다. (4-264: 최견숙의 질문에 답한 편지)

이른바 놓아버린 마음이란 물건을 좇아 이리저리 분주하게 달리는 마음은 물론이고 짧은 시간 동안에 한 가닥 생각이 조금이라도 달아나거나 잃어버려지는 경우 모두를 일컫습니다.

그리고 그 놓아버린 것을 찾아 거둔다는 것도 하루 한 끼 밥 먹는 동안 잠시 붙잡아 둠으로써 마침내 종신토록 학문하는 기본으로 삼을 수 있게 되는 경우만을 말하는 것이 아닙니다. 날이면 날마다, 생각하면 생각마다, 있으면 있는 곳마다, 어떤 경우를 당하면 그 경우마다 언제나 끊임없이 새어나감이 있다는 깨달음이 있자 곧 거두어 잡고 정돈해서 결국 깨우침을 얻게 되는 모든 일을 가리켜 마음을 거두어잡는 공부라고 하는 것입니다. (6-304: 조사경에게 답한 편지)

취미 생활

어떤 일이나 노름을 즐기게 되어 그에 빠지게 되면 마음을 바르게 방향 잡기 어려워지므로 여러 가지 재주와 예능에 관심을 두는 것은 심성 수양에 도움이 되지 않습니다. 그러나 성인께서 예절·음악·활쏘기·수레 몰기·글씨 쓰기·수학 등 여섯 가지 예능을 가르치는 것을 인정하였듯이 절대적으로 금지시킬 것은 아니고 다만 거기에 빠져서 떠날 줄을 모르면 해롭다는 것을 염려할 따름입니다. (4-296: 송과우에게 답한 편지)

진리를 깊이 파고드는 방법

진리를 깊이 파고드는 방법은 여러 가지가 있으니 한 가지에만 얽매일 필요는 없습니다. 한 가지 일을 깊이 파고 들어가다가 뜻대로 되지 않자 곧바로 싫증과 권태로 다시 사물의 이치조차 깊이 생각하지 않는 사람은 이 공부를 도피한 것이라고 말할 수 있습니다. 그렇지 않고 깊이 파고 들어가는 중에 때때로 의미가 이리저리 뒤엉키는 곳을 만나서 힘써 탐색해도 통할 수 없는 경우를 만나거나 아니면 나의 타고난 능력이 어쩌다 그런 경우에 어두워서 억지로 밝혀내기에 어려울 때가 된 경우에는 우선 그 한 가지 일은 그냥 놔두고 따로 다른 일에 파고들어야 합니다.

진리를 향하여 파고들어감이 이렇게 나아가서 쌓이고 깊어져서 익숙해지면 저절로 마음이 차츰 밝아지고 올바른 도리의 참된 바탕이 차츰 눈앞에 나타나게 될 것입니다.

그 때에 이르러 지난 번에 파고들다가 완성하지 못하고 미루어 놓았던 것을 다시 집어내어 그 동안 밝혀낸 도리와 함께 참조하면서 살핀다면 자신도 모르는 사이에 모두가 함께 일시에 밝게 드러나 깨달아질 것입니다. (5-49: 이율곡에게 답한 편지의 별지)

수양 공부와 실천 의지

진리를 깊이 파고 들어가는 공부와 경건한 삶의 공부는 두 가지가 비록 서로 머리와 꼬리가 되는 관계이기도 하지만 실제 행함에 이르러서는 두 가지의 독립된 일이라 할 것입니다. 그러니 단계가 나누어짐을 절대로 근심하지 말고 오직 두 가지를 나란히 공부해 나가는 방법으로 해야 합니다. 또한 기다리지만 말고 지금 당장 공부를 시작해야 하며, 이것저것 의심하여 머뭇거리지 말고 그때그때 상황에 따라 마땅하게 힘써야 합니다.

텅비운 마음으로 진리를 살피되, 자기의 의견을 고집해서 먼저 결정을 내려버리지 말아야 차츰차츰 쌓이는 것이 있게 되어 완숙하게 되는 것입니다. 한때나 한 달로써 효과를 따져서는 안 됩니다. 완전히 얻지 않고 그만둘 수 없다는 자세로 평생 사업으로 삼아야 합니다.

진리를 깊이 파고들어가는 공부는 실천하는 가운데 몸으로 직접 겪어 보아야 비로소 참으로 아는 것이 되고, 진리 앞에 경건한 마음을 지키는 공부는 마음을 두 갈래 세 갈래로 분산하는 일이 없어야 비로소 참으로 얻은 것이 될 것입니다. 그렇지 못하면, 지금 비록 진리를 보았다고 할지라도 얕고 묽음을 면하지 못할 것이고, 비록 경건한 마음을 가졌을지라도 잠시 사이에 잃어버리게 됩니다. 그래서 일상생활 중에서 응접하는 일 같은 것을 겪을 때에 따라다니며 무너뜨리는 경우가 끝없이 닥쳐올 것입니다. 어찌 잘못된 생각이나 여색이나 즐거움에 빠지는 것이나 쓸데없는 이야기에 빠지는 것만이 해가 된다 하겠습니까?

이런 관점으로 이 시대 사람들을 살펴보니, 그 자질과 식견이 영특한 사람이 하나 둘이 아니건만, 출세하기 전에는 과거보는 일에 뜻을 빼앗기고 출세하고 나면 이해관계에 빠져서 용감하게 헤쳐나가지 못하는 사람이 대부분입니다. (5-46~47: 이율곡에게 답한 편지)

마음을 알아야 한다

• 마음이 본성과 심정을 통틀어 주재한다 •

삼라 만상의 밑바탕에는 우주의 가장 근본이 깔려 있어서 그것의 본성을 이루게 됩니다. 그 근본이 움직여서 모든 생리적, 심리적 현상을 일으켜 여러 심정을 드러내게 됩니다. 사람도 마찬가지로 가장 빼어난 기운과 이치를 타고나서 만물 가운데 가장 신령한 능력을 갖습니다.

근본인 본성이 현상인 심정으로 드러나는 과정을 연결하여 통로가 됨과 동시에 스스로 알아보기도 하고 천 가지 만 가지 형태로 어지럽게 일어나는 심정들로 오히려 근본을 해치고 파멸로 치닫는 일이 없도록 주재할 수도 있는 그 무엇을 생각할 수가 있습니다. 그렇지 않다면 삼라 만상은 길든 짧든 근본을 유지하지 못하고 불꽃처럼 산화하고 말 것입 니다. 근본 본성을 알아차리고 보존하며 심정을 주재할 수 있는 그 무 엇이 바로 마음이라는 것입니다. (3-134: 성학십도·심통성정도설)

• 마음이란 신비한 밝음이다 •

마음을 들여다 보면 그 바탕은 우주의 근본과 같아서 끝도 없이 그 저 텅텅 비어있다고 볼 수밖에 없는 것 같습니다. 그렇기에 마음에는 삼라만상을 모두 다 담을 수도 있고 티끌 하나조차 담지 않을 수도 있 는 것이 아니겠습니까.

그러나 한편 그 텅텅 빈 것 같은 우주의 정적 속에서 문득 무엇인가 느껴지는 것이 있고 그래서 결국에는 삼라만상 모두에로 통하게 된다. 마음의 속성이랄까 능력이랄까? 다시 말하면 마음은 텅텅 비어 있기만 한 것이 아니라 신령한 속성 내지는 능력을 갖고 있다는 것입니다.

신령한 능력 가운데 대표적인 것이 바로 어둠 속을 빛으로 비추면 그 곳에 있던 것들이 드러나듯이 삼라만상 모든 사물을 비추어 알아차리 고 이해하고 깨닫는 능력인 지각능력입니다. 그래서 마음을 신명神明이 라고도 말하는데, 쉽게 신비한 밝음이라고 풀이해도 크게 틀리지 않습 니다. (3-144: 성학십도·심학도)

마음에는 여러 모습이 있다

마음에는 갓난아기의 것같이 욕심에 아직 어지럽혀지지 않은 것도 있고 적든 많든 욕심에 얼룩진 것도 있으며, 성인 군자의 것같이 진리가 잘 갖추어진 것도 있고 그러한 진리를 깨닫는 것도 있습니다. 그러나 이 것은 마음을 여러 측면으로 비추어 보아 찾아낸 여러 모습일 뿐, 따로 따로 구별된 것은 아닙니다.

실제 마음에는 적든 많든 생리적, 정신적 요소가 결합되어 있습니다. 다시 말하면 실제 생활에 있어 근본 본성을 바탕으로 하지 않은 마음 이 없고 몸과 기질로 말미암지 않은 마음이 없다는 것입니다. (3-145: 성학십 도·심학도설)

생각이나 마음을 가리키는 한자에 염念이니 여慮니 사思니 지志니 의意 니 하는 글자들이 있습니다. 이들이 가리키는 속뜻을 알아두는 것이 좋습니다.

그대가 지금 먼 길을 어렵고 험함을 따지지 않고 오직 이곳을 향한 마음만을 가지고 온 것과 같은 뜻을 가리켜 지志라 합니다. 어떤 일을 만나서 어떻게 하겠다는 생각을 일으키게 되는데, 그 어떻게 하려는 뜻 을 의意라 한다. 그때그때 순간순간의 마음을 염念이라 한다. 어떤 일을 어떻게 하면 좋을까, 근심하는 마음을 여慮라 합니다. 문자의 올바른 이 치를 깊이 반복하여 찾아들어가거나 사물에 대응하여 어떠한 태도를 취할 때에 새것과 옛것을 살펴서 마음에 적어내는 생각을 사思라고 합니 다.

진리의 길을 가는 사람에게 지志, 의意, 사思 세 가지가 더욱 중요하니다. 지忠는 바르고 크며 성실하고 확고하여 변하지 않는 그 무엇을 향해 가고 있습니다. 그래서 공자께서는 학문, 진리, 어진 덕을 향해 가라 했고 맹자께서는 향해 가는 곳을 고상하게 한 상태를 지키라고 하였다.

의義는 선과 악이 나누어지는 갈림목에서 어느 쪽으론가 방향을 틀게 되는 조짐이 되므로 털끝 만큼의 작은 빗나감으로도 이미 구덩이에 빠질 수 있습니다. 그래서 증자曾子께서는 저 혼자 있을 때에 삼간다고 했고 주자께서는 선악의 갈림목에서 일어나는 조짐을 성문을 지키듯 굳게 막으라고 하였습니다.

사思는 하면 얻고 하지 않으면 얻지 못하므로 기자箕子께서는 마음에 적어내는 것은 다름 아니라 밝음이라 말할 수 있는 것인데, 이 밝음이 있으면 성인이 된다고 말하였습니다. 공자께서는 생각하여 마음에 적어내면 되는데 그렇게 하지 않기 때문에 사물이든 진리든 멀리 있게 되는 것이라고 말하였습니다. (7-324: 김이정에게 답한 편지)

---

* 증자: 서기전 505~432. 춘추시대 말기 노나라 무성武城(현재 산동성 평읍현) 사람으로 이름은 참參, 자는 자여子輿, 공자의 72대 제자 중 한 사람.
* 기자: 은나라 마지막 왕 주紂의 숙부로 이름은 서여胥餘. 관직은 태사였고 기箕 지방의 왕으로 봉해졌기 때문에 기자라 했다. 주왕을 간하다가 죄수살이 중에 주나라 무왕에 의해 풀려났다. 무왕에게 나라를 다스리는 대법으로서 홍범洪範을 설명하였고, 뒤에 조선으로 와서 기자조선의 시조가 되었다고 『사기』에 기록되어 있다.

마음을 공부하는 방법

마음을 공부하려면 인간적인 욕심을 막아내고 우주의 진리를 보존해야 합니다. 그러기 위해서 마음의 가장 기본적이고 순수한 상태로 돌아가서 우주의 진리와 하나되도록 오로지 한결같이 지켜나가야 합니다. 그 방법은 다음과 같다.

저 홀로 있을 때에도 마치 성현을 모시고 있을 때와 같게 몸과 마음가짐을 조심한다.

스스로를 이겨내어 전체를 살리는 예禮로 돌아간다.

마음을 가능한한 오래도록 한 자리에 머물러 있게 한다.

흐트러졌거나 흐트러지는 마음을 찾아 모은다.

마음을 바르게 한다.

그리하여 부귀로 말미암아 타락하지 않고 가난이나 사회적 지위의 낮음으로 말미암아 비뚤어지지 않고 겁나는 무력 앞에서도 굽히지 않고 흔들리지 않는 마음을 확립한다.

삼갈 것을 분명히 하여 지키려 항상 모자랄까 두려워한다.

마음의 방향을 확실히 하고 보존한다.

마음 자체를 따져 살핀다.

마음을 더욱 훌륭하게 기른다.

마음의 문제를 다 마친다.

그리하여 마음내키는 대로 따라해도 그것이 전체를 잘되게 하는 규범을 벗어나지 않는 경지에 이른다.

그렇게 되면 마음이 곧 근본 바탕인 본성과 같은 것이었음이 확인되고 욕심이라고 나무라던 것이 곧 그 근본 바탕의 작용이었음도 드러나게 됩니다. 본래 근본 바탕은 우주의 진리였고 그 작용은 전체를 잘되게 하는 도리를 해치는 것이 아니었던 것입니다. (3-144: 심학도)

마음의 본바탕

마음이 피어 나오지 아니하고 기가 작용하지 않아서 마음의 본바탕이 비어 있으면서 밝을 때에는 참으로 선하지 아니함이 없습니다. (7-39: 정자중의 별지에 답한 편지)

사람에게는 마음 주머니라고 부를 수 있는 것이 있습니다. 마음 주머니는 여닫이문의 돌쩌귀나 그물의 벼리 줄과 같이 모든 것이 그에 매여 있는 곳이 되기 때문에 하나하나의 물건이나 일들이 그 안에 가득 차있게 됩니다. 그래서 그것은 온 세상의 큰 근본이 됩니다. 공간적인 방향도 정할 수 없고 형체도 없어 안과 밖을 구별할 수 없는 묘한 것입니다. 그리고 그 속에 가득한 것이 바로 만물을 하나의 바탕으로 감싸는 마음이고 온 세상에 널리 뻗어나가는 마음이지, 마음 주머니와 따로 구별된 마음이 있는 것이 아닙니다. (6-78: 황중거에 답한 편지)

보내준 편지를 자세히 살펴보니, 언제나 한 가지 병이 있으면 문득 그에 대한 약도 있게 된다는 것을 알고 있군요. 주자朱子께서 말한 바와 같이 이 고치고자 하는 마음이 곧 고칠 수 있는 약이라는 말의 뜻을 그대는 이해하였습니다. 그렇다면 다시 남에게 물을 것 없이 오직 말 없이 더욱 노력해 앞으로 나아가기를 그만두지 말아야 합니다. 오래도록 익히고 익혀서 완전하게 몸에 배기에 이르면 자연히 마음과 진리가 하나로 될 것이고 얻자마자 잃어버린다고 말할 정도로 병통은 없어질 것입니다.

정자程子께서는 "배움은 익숙하게 하는 것을 귀하게 여기고 익숙함은 오로지 한결같음을 필요로 한다. 겉모습을 가지런하게 정돈하고 엄숙하게 하면 마음도 곧 오로지 한결같아진다. 마음이 오로지 한결같아지면 그릇되거나 한쪽으로 치우쳐 나의 배움을 방해하는 일이 저절로 없어진다"고 말하였습니다.

그 익숙해지는 방법은 일상생활에서 안자顔子나 증자와 같이 하는 것입니다. 예가 아니면 보지도 듣지도 말하지도 움직이지도 말고 몸가짐과 얼굴색을 바로하며 말투와 말솜씨를 조리있게 하는 등 공부를 더해 나가야 합니다. 그렇게만 한다면 어느 정도 몸을 의지하고 발을 붙일 곳이 있어서 노력하기에 어려움이 덜어질 것이니, 참으로 이와 같이 하기를 오래도록 노력해 쌓아 얻은 바가 있게 된 뒤에야 안자나 증자의 일을 논의할 수 있을 것입니다.

지금 보내온 편지를 보면, 그대는 이와 같이 하지 않고 따로 마음을 항상 조절하고 보존하지 못함을 근심하고 있습니다. 그런 나머지 텅비고 고요한 상태로 들어가서 숨쉬기를 하기도 하고 이 마음이 피어나지 않는 상태에서는 우리가 무엇을 알아차리는 감각이 있는가 없는가 의심하기도 합니다. 깊은 경지를 붙잡으려고 마음을 거두어들이는 일만을 일삼으면서 그것이 어렵다고만 생각하는군요. 내 생각으로는 그러한 방법으로 마음을 조절하고 보존하는 일을 익혀나가면 더욱 어지럽고 흔들려서 차분하고 편안하게 마음을 쉬게 할 틈이 없을 것입니다.

이러한 까닭으로 정자께서는 늘 멍청히 앉아 있어도 마음은 바깥으로만 치달리게 되니 잘못된 것이라고 말하였습니다. 그래서 결국에는 진리 앞에 경건하게 사는 방법을 말했던 것입니다. 그리고 주자께서는 희로애락이 피어나기 전의 지극히 선한 상태와 희로애락이 피어나서도 진리와 도리에 맞게 조절되어 선한 상태로 돌아가는 일을 말했습니다. 그때에 그도 역시 마음이 피어나기 전의 것을 애를 써서 찾아서도 안 되고 이미 피어난 것을 이리저리 적당히 쪼개어 붙여도 안 된다고 했습니다. 오직 평소에 장엄하고 경건함을 지키며 그 속에 몸을 담그어 기르는 노력이 지극해서 마침내 인간적인 욕심으로 거짓됨이 마음을 어지럽히지 않는 경지에 이르면 희로애락이 피어나기 전에는 마음이 거울처럼 밝고 물처럼 잔잔할 것이며 희로애락이 이미 피어난 경우에는 진리와 도리에 맞도록 조절되지 않는 일이 없을 것이라고 했던 것입니다. (7-40~41: 정자중의 별지에 답한 편지)

보통 사람들은 스스로를 알지 못해 괴로워하는데, 그대는 스스로를 아는 것이 보내온 편지에서 보이는 바와 같이 밝을 뿐만 아니라 그 병을 치료할 수 있는 약도 알고 있군요. 하나하나 모두 그 마음의 병 증세에 적중했으니, 참으로 남들이 따라가지 못할 수준에 있다 하겠습니다.

지금부터는 참으로 묵은 습관을 껍질을 벗듯 씻어버리고 책을 읽고 진리를 깊이 파고들되 하루하루 일상생활에서 말하고 행동하는 것에서 거칠고 뜬 기운이 비치는 모습을 우선 제거하십시오. 그리고 한결같이 장엄하고 경건한 마음속에 몸을 푹 담그어 기르는 일을 근본으로 삼으십시오. 그 위에서 깊이 있게 빠져 들어가면서 찾아내는 자세로 학문을 해야 합니다.

이 진리를 찾는 길은 참으로 잠시라도 떠나서는 안되는 것임을 깨달아서 이 몸과 마음을 던져서 직접 절실하게 얻고 알아차린 후에 느긋하고 차분한 상태로 수영하며 노는 듯하면 무엇인가 다행스럽게도 쌓이는 것이 있을 것입니다. 오랜 세월이 지나다 보면 갑자기 깨끗이 풀려 훌쩍 높은 경지로 뛰어올라가 버리는 곳이 있을 것인데, 그것이 바로 참소식이라는 것입니다. (7-143: 정자중에게 답한 편지)

보내온 편지를 보니, 몸과 마음을 닦으려고 거두어 모아들이는 공부를 할 때에는 기운이 자지러들고 정신이 고달파지기만 할 뿐 밤낮으로 노력해도 어디에서부터 손을 써야 할지 모르겠다고 하였군요.

이런 일에는 다른 이유가 없습니다. 지난날 비록 학문을 한다고 말은 했지만 실은 제대로 된 공부를 한 적이 없었던 것입니다.

이제 참된 공부를 해보려고 하니까 손과 발이 말을 듣지 않고 바탕이 흔들려 마음과 도리가 서로 알맞게 응하지 않으며 기운과 습관이 서로 따르지 않게 되는 것입니다. 그래서 편지에서 말한 바와 같은 현상이 일어나도 이상하지 않은 것입니다.

무릇 보통 사람들의 학문이 오늘도 내일도 제대로 성취되지 않는 이유는 다음과 같습니다. 공부를 하다가 일단 그것이 어렵다는 것을 알면 마침내 중단해버리고서 끝내 다시 하지 않기 때문입니다. 만약 몸과 마음을 닦는 공부에 대한 믿음으로 의심하지도 중단하지도 않으며 너무 빨리 이룩하려고 지나치게 서두르지도 말고 후회를 많이 해 흔들리거나 포기하지도 않으며 이치를 파고들면서 실천하기를 오래도록 해 점차 익숙하게 된다면, 저절로 모든 사물의 의미를 두루 통하고 지혜의 눈이 환하게 트임을 느낄 수 있을 것입니다.

주자께서는 "공부하다가 극도로 힘들고 알지 못할 곳에 이르러야만 좋은 소식이 온다"고 말하였습니다. (9-45: 이굉중에게 답한 편지)

마음의 병을 다스리는 요령

마음을 조절하고 보존하며 행동을 돌이켜 살피는 공부를 정도에 맞게 하지만 한편으로는 그렇게 하고 있다는 것을 생각에 떠올리지 않습니다. 오직 일상생활에서 실천하게 되는 아주 평범하고 정상적인 일 가운데 명백한 부분에 우선적으로 초점을 맞추어 너그러운 마음과 여유 있는 자세로 차분히 주자의 조식잠調息箴을 따라 스스로 닦고 길러나가십시오. 그렇게 오랜 세월이 쌓이면 마음의 병이 저절로 낫는 효과가 있을 뿐만 아니라 마음을 거두어 모아 조절하고 보존하는 내면적인 열매도 이에 힘을 얻어 맺히게 될 수 있을 것입니다.

마음을 조절하고 보존한다는 것과 행동을 돌이켜 살피고 있다는 것을 생각에 떠올리지 말라고 했는데, 배우는 사람들 모두가 항상 그렇게 한다는 것은 아닙니다. 다만 마음의 병은 반드시 그 과정을 거친 뒤에야 편안해지기 때문에 그렇게 말하는 것입니다. 사람이 마땅히 해야 하는 도리나 우주의 진리는 안과 밖의 구별이 없어서 밖으로 삼가면 안으로 배어들면서 기르는 보람이 있게 됩니다. (7-48: 정자중에게 답한 편지)

마음이 내달리고 들뜬다는 것은 나도 바로 이 병통에 걸려서 늙도록 성취하지 못하고 있는 바입니다.

하지만 앞서 간 현인들께서 이 문제에 대해 남긴 의논들을 살펴볼 수는 있습니다. 이 일은 억지로 움켜잡는다고 해서 잡히는 것도 아니고 급박하게 억누르거나 묶어둔다고 해서 그렇게 되는 것도 아닙니다. 그렇게 한다면 아무 것도 이루어지는 것이 없을 뿐 아니라 오히려 병이 생기기 마련입니다.

모름지기 생각을 너그럽게 가지고 여유있게 몸에 푹 배도록 길러나가며 항상 깨어있는 마음으로 되돌아 살피는 일을 잃지 않도록 해야 할 것입니다. 주자께서는 "공부하다가 마음이 피어나기 전 상태에 들었으면 무엇을 찾으려 하지 말 것이며 이에 이미 마음이 피어나서 무엇을 느낀 뒤에는 억지로 이리저리 꿰어맞추려고 하지 말라. 오직 평일에 장엄하고 경건한 마음으로 그것이 몸에 푹 배도록 기르는 일을 가장 근본 바탕으로 삼는 공부를 하라"고 말했습니다. 이 한 구절이 다른 어느 것보다 간절한 깨우침이 됩니다. (9-113: 금문원에게 답한 편지)

조식잠

코끝에 희게 보이는 것이 있는데, 나는 그것을 내려 살피며 어느 때 어느 곳이든 얼굴은 아무런 생각 없이 온순하다. 고요함이 지극하면 숨을 내쉬되 봄 못의 물고기같이 하고 움직임이 지극하면 들이마시되 백 가지 벌레가 웅크리듯 하니, 하늘과 땅의 기운이 열리고 닫히는 그 묘함에 다함이 없구나.

누가 그 저절로 이루어지는 일을 맡아 다스리는가?

공부를 하다 말다 하는 병폐

말재주만으로 서로 경쟁이라도 하듯이 하는 것은 참으로 아무런 도움이 없고 참된 공부를 하려고 마음먹어도 하다가 말다가 하는 현상이 일어나는 것은 스스로 괴로운 일입니다. 그러나 하다가 말다가 하는 병통을 자세히 생각해 보면 결국 타고난 기질이나 세상에서 익힌 습관이 그렇게 잘못되었거나, 물질적인 욕심에 마음의 눈이 가려졌거나, 밖으로 특별한 세상 일이 생겨서 어쩔 수 없이 그만두게 되거나 하는 세 가지에 지나지 않을 것입니다.

다행히 이곳은 산속이라서 물질적인 욕심이 마음의 눈을 가리거나 공부를 그만두게 할 만큼 특별한 세상 일이 일어나는 경우는 없지만, 타고난 기질과 그 동안 몸에 익힌 습관은 바로잡기 어렵습니다. 그래서 정원을 서성이면서 한결같이 친구의 힘있는 도움이 있었으면 좋겠다고 생각하지만 그런 만남을 얻을 수가 없었습니다. (5-202:기명언에게 답한 편지)

스스로의 허물을 고치는 약

공께서 스스로의 허물을 말한 것을 살펴보니, 다음과 같군요. 배운 것은 거칠고 천하고 막힘이 많으며 생각은 조급하고 잡스러우며 자기의 행동은 배운 것과는 반대의 결과를 낳고 일 처리는 들뜨고 망령되며 사물을 접촉하는 일은 대충대충 넘어가곤 한다는 다섯 가지를 말했습니다. 이 다섯 가지 허물은 바로 나도 평일에 깊이 근심하여 바로잡으려고 노력하던 중이었는데, 공께서 먼저 말했습니다.

공도 주자朱子께서 중국 양자강 변의 여산廬山에 있는 백록동이라는 곳에 서원을 차려 학생들이 지켜야 할 규약을 가르친 것을 알고 계십니다. 나는 위의 다섯 가지 허물을 다스리고자 하는 사람이 사용할 수 있는 약이 그 백록동 서원의 규약 속에 들어 있다고 생각합니다.

그 규약은 근본을 인륜 밝히는 것에 두고 다음과 같이 가르치고 있습니다. 배우는 것은 넓게 하고 묻는 것은 깊이 있게, 생각은 신중하게, 판단은 밝게 하는 것으로써 진리를 파고 들어가는 요령으로 삼고 행실은 두텁게 하는 것으로써 수신修身뿐만 아니라 사물의 접촉과 일처리의 요령으로 삼는 것이 그것입니다.

무릇 배우고 묻고 생각하고 판단해 사물의 참모습을 이해하게 되면 아는 것이 지극하게 되어 진리에 밝지 않음이 없게 되어 학문이 정밀하고 미묘한 곳에까지 이를 수 있을 것입니다. 또한 몸을 닦는 공부함에 있어 충직하고 믿음성 있으며 두텁고 경건함을 주로 합니다. 그리하여 화나는 것을 다스리고 욕심을 막으며 착함으로 옮겨 나아가고 허물을 고쳐가는 것으로써 그 내용을 채우면 행실이 두텁고 성실하지 않음이 없게 될 것입니다. 그래서 생각이 조급하고 잡스러운 데에까지 이르지 않게 되고 스스로의 행동이 배운 것과 반대되는 망령됨에까지 이르지 않을 것입니다.

일을 올바른 이치를 벗어남이 없도록 처리하여 진리를 밝히고, 사물을 접촉함에 자신의 처지를 미루어서 남을 생각하는 마음가짐으로써 스스로를 되돌아 살핀다면 두텁고 성실한 행동이 저절로 사물에 나타날 것이므로 들뜨고 망령된 허물이나 대충대충 넘어가서 소홀히하는 허물은 걱정하지 않아도 될 것입니다.

내가 비록 이러한 이치를 알고는 있으나 실행이 그에 미치지 못하고 있습니다. 지금부터 밤낮으로 서로 함께 힘써야 마땅하겠습니다. (7-317~318: 김이정에게 답한 편지)

끝내 성과가 없는 사람

옛날부터 이 길에 뜻을 둔 사람이 많았습니다. 사람의 마음이 본래부터 신령하고 밝으니, 성현의 글을 읽다 보면 하나나 반토막을 알게 되어 성현의 그림자가 언뜻 지나간 듯한 경지를 엿볼 수 있는 사람들이 어찌 없겠습니까?

그런데 그러할 때에 그 사람의 마음이 별안간 오만해지고 스스로 만족하게 되어 '나는 이미 알고 있지만 세상 사람들은 모두 알지 못한다'고 여긴 나머지 자신을 세상의 제일가는 수준에 들었다고 믿고는 더 이상 배우려 하지도 않고 선한 사람들을 받아들이지도 못하게 됩니다.

그리고 심한 경우에는 한 세상 사람들에 대해 그럴 뿐만 아니라 옛날의 선현들에 대해서도 모두를 능멸하고 짓밟고는 그 윗자리에 올라서야만 속이 시원한 사람들이 나오는데, 안타깝게도 그런 사람들이 많습니다. 이런 사람들이 바로 경솔하게 스스로를 대단하게 여기다가 끝내 성과가 없는 사람들입니다. (6-327: 조사경에게 답한 편지)

사람의 마음

사람의 마음은 바탕과 작용을 한 근원에 갖추고 죽은 듯이 조용하다가도 일이나 물건이 닥치면 곧 느끼는 능력이 있으며 움직일 때와 움직이지 않을 때를 거리낌없이 통과합니다. 그렇기 때문에 일과 물건을 느끼지 않는 상태에서는 죽은 듯이 움직이지 않으면서도 그 안에 모든 이치를 다 갖추고 있어서 마음의 바탕이 온전히 보존되지 않음이 없습니다. 그러다가도 일과 물건에 닥쳐서 느끼고 통하게 되는 경우에는 마음의 큰 작용이 발동하여 그것들의 있는 모습 그대로를 구별해냄에 어긋남이 없게 됩니다. (6-80: 황중거에게 답한 편지)

우주의 진리

우주의 처음과 마지막이 되는 근원은 모든 존재를 뛰어넘어 존재도 개념도 세울 수 없는 그 어떤 상태라고 할 수밖에 없을 것이다. 무엇이든 있다고 하게 되면 이미 처음과 마지막 근원일 수가 없을 것이기 때문이다. 아무 것도 없는 상태속에서 무엇인가 최초의 상태가 이루어진다고 생각할 수밖에 없을 것이다.

그런데 그 무엇도 없다고 생각해야 하는 상태와 무엇인가 있어서 최초의 상태라고 생각해야 하는 상태는 어떤 관계일까? 무엇도 없어서 최초라고도 말할 수 없는 상태는 무無이고 무엇인가 있어서 최초라고 할 수 있는 상태는 유有라고 해야 할 것이다. 그래서 사람에 따라서는 무는 무, 유는 유, 두 상태는 서로 별개의 상태이고 무에서 유가 생겨난다고 설명할 것이다. 그러나 지금은 가장 극단적인 근원을 생각하는 경우이므로 생각을 너무 단계적으로 나누지 말고 무엇도 없는 무의 상태와 최초의 무엇이 있는 유의 상태가 동시에 어우러져 있다고 생각하는 것이 좋지 않을까?

무엇도 없는 상태를 무극無極이라 부르고 무엇인가 있어서 최초가 되는 상태를 유극有極이라 불러야 할 터인데, 처음과 마지막 궁극적인 근원을 말하는 것이므로 유극을 태극太極이라 부르는 것이 좋겠다. 그러면 우주의 궁극적 근원은 무극이면서 태극이라고 말할 수 있을 것이다.

이제 존재의 세계로 들어와서 태극이 작용을 시작하면 정말 무엇인가 존재하는 것이 생길 것이다. 그것을 양陽이라고 부르자. 작용이 다해 끝에 이르면 움직임이 바뀌어 고요하게 되는데, 고요하게 되면 존재의 그림자가 생길 것이다. 그것을 음陰이라고 부르자. 고요함이 끝에 이르면 다시 움직인다. 이렇게 계속되면 한 번 움직이고 한 번 고요해지는 것이 서로 상대적인 관계를 이루게 되어 서로가 서로의 뿌리로 되면서 음으로 갈리고 양으로 갈리며 현상이 이루어지니 존재의 세계에 음양이라는 두 원리[兩儀]가 서게 되는 것이다.

양이면 변하고 음이면 합쳐져서 물과 같은 현상, 불과 같은 현상, 초목과 같은 현상, 쇠붙이와 같은 현상, 대지의 흙과 같은 현상, 곧 수·화·목·금·토가 생기니, 이 다섯 기운이 차례대로 퍼져 봄, 여름, 가을,

겨울이 돌아가듯 현상이 운행변화되어 간다. 수·화·목·금·토를 오행이라 한다.

거슬러 근원으로 돌아가며 생각해 보면 오행은 곧 하나의 음과 양이요, 음과 양은 곧 하나의 태극이요, 태극은 본래 무극인 것이다.

그러니, 오행이 생기되 수·화·목·금·토 하나씩에도 태극과 무극이 함께 그 본성을 이루게 된다. 결국 무극이라는 진리와 음양이니 오행이니 하는 것의 알맹이가 묘^妙하게 합쳐져 엉겨 있는 것이 우리가 보는 삼라만상인 것이다.

그러한 가운데서 처음부터 끝까지 양의 이치에 따르는 것도 생기고 처음부터 끝까지 음의 이치에 따르는 것도 생길 것이다. 그래서 남성적인 것이 생기고 여성적인 것이 생기는데, 두 기운이 다시 서로 느끼고 응하게 되어 변화를 일으켜서 만물을 생기게 한다. 만물은 다시 생기고 또 생기면서 변화를 일으켜 다함이 없다.

만물 가운데에서 사람만이 그 빼어난 것을 얻어 가장 신령하니 육신이 이루어지고 나면 신비한 작용이 일어나서 지혜를 드러낸다. 그리고 그 몸에 들어 있는 다섯 품성이 자기 앞에 닥친 것을 느껴서 작용을 일으키게 되어 선과 악이 나뉘어지고 만 가지 일이 나타나게 된다. (3-105: 성학십도·태극도설)

더불어 사는 진리

우주 가운데 처음부터 끝까지 양의 이치에 따르는 것이 있을 것이니 그것이 바로 나의 아버지이다. 처음부터 끝까지 음의 이치에 따르는 것이 있을 것이니 그것이 바로 나의 어머니이다. 나라는 이 조그만 몸뚱이는 그 아버지와 어머니의 기운을 섞어 받아 태어나서는 만물과 섞여서 우주 가운데에 자리잡고 있는 것이다. 그러므로 하늘과 땅에 가득 차 있는 것이 곧 나의 몸뚱이요 하늘과 땅을 거느리는 것이 바로 나의 본성이 되는 것이다.

그러니 사람들은 나와 같은 어버이에게서 태어나서 제각각 분수에 맞게 도리를 지키며 살아간다고 할 수 있고 만물은 나와 더불어 한 동아리가 되어 우주 속에 함께 있으면서 제각각 자리를 지키는 것이라 할 수 있다. (3-105: 서명도)